LES RÉCESSIONS SONT LE MOMENT OÙ LES MILLIONNAIRES ET LES MILLIARDAIRES SONT CRÉÉS.

LES RÉCESSIONS SONT LE MOMENT OÙ LES MILLIONNAIRES ET LES MILLIARDAIRES SONT CRÉÉS.

Par : D.K. Hawkins
Version 1.1 ~décembre 2022
Publié par D.K. Hawkins sur KDP
Copyright ©2022 par D.K. Hawkins. Tous droits réservés.

Aucune partie de cette publication ne peut être reproduite, distribuée ou transmise sous quelque forme ou par quelque moyen que ce soit, y compris la photocopie, l'enregistrement ou d'autres méthodes électroniques ou mécaniques, ou par tout système de stockage ou de récupération de l'information, sans l'autorisation écrite préalable des éditeurs, sauf dans le cas de très brèves citations incorporées dans des critiques et certaines autres utilisations non commerciales autorisées par la loi sur le droit d'auteur.

Tous droits réservés, y compris le droit de reproduction totale ou partielle sous quelque forme que ce soit.

Toutes les informations contenues dans ce livre ont été soigneusement recherchées et vérifiées quant à leur exactitude factuelle. Toutefois, l'auteur et l'éditeur ne garantissent pas, de manière expresse ou implicite, que les informations contenues dans ce livre conviennent à chaque individu, situation ou objectif et n'assument aucune responsabilité en cas d'erreurs ou d'omissions.

Le lecteur assume le risque et la pleine responsabilité de toutes ses actions. L'auteur ne sera pas tenu responsable de toute perte ou dommage, qu'il soit consécutif, accidentel, spécial ou autre, pouvant résulter des informations présentées dans ce livre.

Toutes les images sont libres d'utilisation ou achetées sur des sites de photos de stock ou libres de droits pour une utilisation commerciale. Pour ce livre, je me suis appuyé sur mes propres observations ainsi que sur de nombreuses sources différentes, et j'ai fait de mon mieux pour vérifier les faits et accorder le crédit qui leur est dû. Dans le cas où du matériel serait utilisé sans autorisation, veuillez me contacter afin que l'oubli soit corrigé.

Les informations fournies dans ce livre le sont à titre informatif uniquement et ne sont pas destinées à être une source de conseils ou d'analyse de crédit en ce qui concerne le matériel présenté. Les informations et/ou documents contenus dans ce livre ne constituent pas des conseils juridiques ou financiers et ne doivent jamais être utilisés sans avoir consulté au préalable un professionnel de la finance afin de déterminer ce qui convient le mieux à vos besoins individuels.

L'éditeur et l'auteur ne donnent aucune garantie ou autre promesse quant aux résultats qui peuvent être obtenus en utilisant le contenu de ce livre. Vous ne devez jamais prendre de décision d'investissement sans consulter au préalable votre propre conseiller financier et sans effectuer vos propres recherches et diligences. Dans toute la mesure permise par la loi, l'éditeur et l'auteur déclinent toute responsabilité dans le cas où les informations, commentaires, analyses, opinions, conseils et/ou recommandations contenus dans ce livre s'avéreraient inexacts, incomplets ou peu fiables ou entraîneraient des pertes d'investissement ou autres.

Le contenu de ce livre n'est pas destiné à et ne constitue pas un conseil juridique ou un conseil en investissement, et aucune relation avocat-client n'est établie. L'éditeur et l'auteur fournissent ce livre et son contenu sur une base "telle quelle". Vous utilisez les informations contenues dans ce livre à vos propres risques.

TABLE DES MATIÈRES.

TABLE DES MATIÈRES..3

INTRODUCTION...5

CHAPITRE 1: COMMENT SE PRÉPARER À UNE RÉCESSION? 8

CHAPITRE 2: COMMENT FRANCHIR LES OBSTACLES. 17

CHAPITRE 3: LA CROISSANCE DES VENTES EN PÉRIODE DE RÉCESSION. 32

CHAPITRE 4: LE MARKETING PENDANT UNE RÉCESSION ÉCONOMIQUE..44

CHAPITRE 5: ÉTABLIR VOTRE IDENTITÉ PENDANT LA RÉCESSION. 62

CHAPITRE 6: COMMENT DÉVELOPPER VOTRE ENTREPRISE EN PÉRIODE DE RÉCESSION...66

CHAPITRE 7: COMMENT ARRÊTER DE S'INQUIÉTER ET REDIRIGER VOTRE ATTENTION VERS LA CROISSANCE DE VOTRE ENTREPRISE! 70

CHAPITRE 8: ÊTRE ACTIF PLUTÔT QUE PROACTIF......................77

CHAPITRE 9: STRATÉGIES DE STABILISATION DES ENTREPRISES EN PÉRIODE DE RÉCESSION. 85

CHAPITRE 10: COMMENT LES GRANDES ENTREPRISES PEUVENT PROSPÉRER MÊME EN PÉRIODE DIFFICILE.................................93

CHAPITRE 11: DÉVELOPPER VOTRE ENTREPRISE QUELLES QUE SOIENT LES CONDITIONS DU MARCHÉ. 105

CHAPITRE 12: SE CONCENTRER SUR L'INNOVATION ET NON SUR LA RÉCESSION. 112

CHAPITRE 13: STRATÉGIES POUR AUGMENTER LES VENTES EN PÉRIODE DE RÉCESSION. 119

CONCLUSION. 124

INTRODUCTION.

Nous connaissons tous les répercussions négatives d'une récession, notamment le chômage, l'inflation, et bien d'autres encore, mais croyez-moi, il y a du bon. Dans ce livre, je décrirai les avantages de la récession économique actuelle et comment vous pourriez commencer à gagner une fortune d'ici un mois.

Je commencerai par quelques faits. Pendant la Grande Dépression, plus de millionnaires ont été créés qu'à n'importe quelle autre époque. Oui, plus de millionnaires ont été créés pendant l'une des pires périodes de l'histoire des États-Unis que pendant toutes les autres époques réunies. Vous pouvez vous demander pourquoi il en est ainsi, et la réponse est simple.

La nécessité ! Ce n'est pas un phénomène inexplicable que de fournir ce que les autres désirent est le moyen le plus facile de devenir millionnaire. La vente directe n'est qu'un sous-produit de la récession économique.

La vente directe est la voie la plus raisonnable vers l'indépendance financière. L'Internet est lié à la façon dont la technologie transforme la vente directe. En effet, le mode de vie sur Internet est souhaitable, mais il existe de nombreuses conditions préalables à la réussite.

Vous devez être engagé dans ce que vous faites, sinon vous ne parviendrez jamais à mener la vie que vous souhaitez. Selon l'adage "il faut mesurer son ego à son compte financier", votre opinion ne vaut rien si quelqu'un a ce que vous désirez. Par conséquent, soumettez-vous au bien commun.

Les avantages de la récession économique sont bien plus nombreux qu'il n'y paraît au premier abord, mais vous aurez besoin d'une stratégie pour atteindre vos objectifs. Si vous souhaitez éventuellement quitter votre travail, licencier votre patron ou simplement prendre des vacances et passer plus de temps avec votre famille, vous en possédez déjà le désir. Par conséquent, prenez les mesures dont il est question dans ce LIVRE. Bonne lecture.

CHAPITRE 1: COMMENT SE PRÉPARER À UNE RÉCESSION?

Qu'est-ce qu'une recession?

En termes économiques, il s'agit de la contraction de l'économie pendant au moins deux trimestres consécutifs. Les entreprises créent moins de jeans Sean John et de camions Cadillac Escalade parce que les consommateurs américains, qui représentent environ 70 % de toute l'activité économique, dépensent moins d'argent qu'il y a six mois.

Comme les consommateurs continuent de réduire leurs dépenses, les entreprises restreignent la production de leurs biens et services et commencent à licencier des employés pour leur permettre de réduire leurs dépenses et de maintenir leurs bénéfices. Comme les perspectives économiques sont sombres, les investisseurs ne sont plus sûrs que les entreprises seront en mesure d'augmenter leurs bénéfices en vendant davantage de produits, ce qui entraîne une baisse de la valeur des actions des grandes sociétés.

Les investisseurs commencent à vendre leurs actions lorsque leur confiance diminue pour éviter les pertes futures. Pour éviter les pertes liées aux prêts hypothécaires à risque, de nombreux investisseurs ont rapidement commencé à vendre leurs actions, ce qui a entraîné une baisse rapide de la valeur du marché boursier.

Que pouvez-vous faire pour protéger vos finances ?

Devenir un entrepreneur à temps partiel.

Je conseille aux gens d'envisager des moyens d'augmenter leurs revenus car, une fois la récession terminée et que tout sera revenu à la normale, vous disposerez toujours de cette source de revenus et votre situation financière sera peut-être meilleure.

Plus important encore, vous découvrirez comment devenir "résistant à la récession" en créant de nombreuses sources de revenus ! Il est temps d'identifier votre passion ou votre passe-temps et de trouver des moyens inventifs de gagner de l'argent en faisant ce que vous aimez !

Si vous ne disposez pas d'un capital important à investir, empruntez de l'argent et découvrez un produit peu coûteux à vendre le week-end pour augmenter votre revenu de "9 à 5". Par exemple, vous pouvez négocier l'achat à rabais de tout le stock de produits dans une vente de garage locale, puis les revendre à profit dans un marché aux puces local et répéter le processus. Vous seriez étonné par les résultats financiers.

Lorsque l'économie se détériore, la Réserve fédérale réduit les taux d'intérêt à court terme (cartes de crédit, prêts automobiles, etc.) pour encourager les particuliers à emprunter et à dépenser, ce qui relance l'économie. Comme les taux d'intérêt continuent de baisser, c'est le moment idéal pour emprunter de l'argent pour lancer une entreprise.

J'ai utilisé des cartes de crédit pour financer mon "activité du week-end" (vente de vêtements) à l'université. Avant que les intérêts ne soient facturés, je payais le solde et réinvestissais les gains jusqu'à ce que j'aie suffisamment de fonds et que je n'aie plus besoin de compter sur la carte de crédit. De nombreuses sociétés de cartes de crédit proposent désormais un taux d'intérêt de 0 %, ce qui représente de l'argent gratuit à investir ; il est néanmoins conseillé de lire les petits caractères et de savoir quand l'offre expire.

Épargner, Épargner, Épargner!

Je sais que tout le monde n'a pas le tempérament ou la tolérance au risque pour devenir entrepreneur. Alors, que ferez-vous si vous n'êtes pas propriétaire d'une petite entreprise mais employé de 9 à 5 ? Si vous ne pouvez pas être une entreprise, vous pouvez au moins apprendre à penser comme une entreprise - diminuer les dépenses !

Examinez toutes vos dépenses et voyez où vous pourriez économiser de l'argent. Essayez de négocier avec vos prestataires de services, notamment votre coiffeur, votre coiffeur, votre teinturier et, si possible, votre propriétaire. Après avoir terminé mes études, j'ai tout échangé.

Tout d'abord, je déterminais précisément ce que cette personne aimait ou désirait, puis je trouvais un produit moins cher que celui qu'elle payait et je proposais d'échanger mes services en échange. J'ai économisé des centaines de dollars par mois en troquant la nourriture, le loyer, le nettoyage à sec et d'autres services.

Refinancer la dette.

Le refinancement de votre dette est une autre méthode pour profiter des taux d'intérêt réduits cette année. Lorsque vous refinancez un prêt, la banque ou l'institution financière que vous choisissez rembourse intégralement votre prêt actuel et vous propose un nouveau contrat de prêt à un taux d'intérêt inférieur. Vous pouvez envisager de refinancer à un taux d'intérêt fixe plus bas si vous avez un prêt hypothécaire, un prêt automobile ou une dette de carte de crédit.

Par exemple, si vous avez un prêt automobile de 25 000 $ avec un taux d'intérêt de 8,5 %, votre nouvelle banque de refinancement remboursera votre ancien prêt en envoyant un chèque à votre ancienne banque et en vous accordant un nouveau prêt de 25 000 $ avec un taux d'intérêt de 6 %, ce qui réduira probablement le coût total du véhicule et vos paiements mensuels.

Vous devriez marchander avec votre société de carte de crédit pour minimiser votre taux d'intérêt. Elle réduira probablement votre taux d'intérêt si vous avez payé plus que la somme minimale et si vous n'avez pas été en retard dans vos paiements mensuels.

Vous devriez également contacter les émetteurs de votre carte de crédit tous les six mois pour demander un taux d'intérêt plus bas ainsi qu'une limite de crédit plus élevée afin d'économiser de l'argent et d'améliorer votre crédit.

Commencer à investir.

Quel est le moment idéal pour investir en bourse directement ou via un 401(k) ou un Roth IRA ? Hier ! L'objectif est de commencer à investir rapidement car le temps joue en votre faveur. Selon les nouvelles, le marché boursier a de mauvaises performances, et tout le monde perd de l'argent. La réalité financière, cependant, est que l'investissement en bourse crée de la richesse à long terme.

Il y a quelques mois, mon oncle m'a téléphoné en s'écriant : "Le marché est en baisse, et je perds des milliers de dollars. Que me conseillez-vous de faire ?" Je lui ai dit d'acheter d'autres actions. Pourquoi ? Parce que vous investissez dans l'économie américaine à long terme, souvent entre 10 et 30 ans, et que vous devriez être en sécurité financière à ce moment-là.

Mon oncle a également oublié qu'il a gagné des milliers de dollars jusqu'à cette année. Le marché est en train d'éliminer tous les mauvais investissements liés à la crise des prêts hypothécaires à risque et finira par revenir à la normale, ce qui lui permettra de gagner encore plus d'argent.

S'il cessait d'investir à l'heure actuelle, il ne profiterait pas des rendements futurs d'un marché boursier sous-évalué. Dans dix ou vingt ans, la valeur du marché boursier sera beaucoup plus importante qu'en 2008.

Vous devez comprendre que le marché boursier et l'économie américaine connaîtront des hauts et des bas financiers. Cependant, en tant que plus grande économie du monde, nous continuerons à avoir plus de hauts que de bas financiers. Vous devez être actif dans ce jeu du capitalisme pour profiter de la progression économique en cours.

Rappelez-vous que les personnes aisées ne perdent pas leur temps ni leur énergie à se plaindre du prix de l'essence ; au contraire, elles investissent dans des actions pétrolières afin de continuer à bénéficier de la hausse du prix de l'essence.

Ils sont fiscalement préparés parce qu'ils ont été poussés à envisager de nombreuses stratégies pour gagner des flux de revenus multiples. Les personnes ayant une mentalité de riche ne craignent pas les récessions car elles ont des connaissances financières et peuvent percevoir des opportunités d'argent là où d'autres ne voient que la dévastation financière.

CHAPITRE 2: COMMENT FRANCHIR LES OBSTACLES.

Comment vous débrouillez-vous dans cette récession, qui a déjà entraîné le chômage inévitable de nombreuses personnes malchanceuses ? Chaque mois, avez-vous assez d'argent pour couvrir tous vos paiements, mais il vous reste beaucoup à dépenser pour votre famille ? Ou devez-vous vous serrer la ceinture pour tenir jusqu'à votre prochain salaire ? En d'autres termes, avez-vous constamment plus de mois que d'argent ?

Vous préférez une solution simple qui rendra bientôt cette situation impossible ? Alors continuez à lire car je vais vous montrer précisément comment y parvenir à partir d'aujourd'hui mais d'abord, laissez-moi vous expliquer qui vous fournit ce document gratuit et pourquoi.

À moins d'être déjà extrêmement riche, d'être le PDG d'une entreprise du Fortune 500 ou de vouloir rester pauvre, vous devez lire cette étude GRATUITE. Elle nécessitera un investissement financier mineur de votre part, mais les résultats que vous obtiendrez après avoir mis en œuvre le plan d'action étape par étape que nous décrirons sur cette page vous prouveront que cet argent a été bien dépensé.

L'une des façons les plus simples de créer une entreprise à domicile pendant votre temps libre tout en continuant à travailler pour quelqu'un d'autre, jusqu'à ce que cela rende superflu le fait de travailler toute la semaine, mois après mois, année après année pour un revenu médiocre, est de déterminer ce que les gens achètent le plus. Quelles sont les choses les plus chaudes que les consommateurs réclament aujourd'hui ?

Il y aura toujours une demande pour des produits pour lesquels vous pourriez recevoir des commissions de la part des fournisseurs pour les aider à vendre plus. Néanmoins, les meilleurs produits pour commencer sont ceux énumérés ci-dessus qui ne nécessitent que l'intégration d'un lien sur votre site Web vers leur site en tant qu'affilié, c'est-à-dire un agent qui sert de liaison entre le vendeur et l'acheteur.

Il existe peut-être des millions d'affiliés de centaines de milliers d'entreprises qui commercialisent les produits d'autres personnes, mais la triste vérité est que seule une petite fraction d'entre eux peut gagner un salaire décent, car ils ne savent pas comment réussir.

Il est gratuit, ou devrait l'être, de s'inscrire en tant qu'affilié et de commencer à faire de la publicité pour un produit ou une gamme d'articles. En général, vous recevez également votre site Web et votre identifiant d'affilié, alors que tous les autres reçoivent la même page, qui est souvent une copie conforme du site Web de l'entreprise. Par conséquent, vous êtes en concurrence directe avec eux et vous ne gagnerez jamais d'argent uniquement avec ce site Web.

Vous n'êtes rémunéré que si quelqu'un achète chez vous. La plupart des consommateurs achètent directement sur le site Web principal de l'entreprise, car celle-ci peut dépenser une fortune pour attirer de nombreux acheteurs enthousiastes sur son site.

Vous avez besoin d'un site web unique qui envoie vos acheteurs potentiels vers le site web principal, où ils prennent le paiement, expédient le produit au client et vous envoient un e-mail pour vous informer que vous avez réalisé une vente. Ils vous paieront toutes les deux semaines, tous les mois ou dès que le montant dépasse un certain seuil.

Il serait très coûteux d'envoyer des chèques pour des paiements aussi faibles que 3 $, même si la plupart des paiements d'affiliation, surtout pour les affiliés qui réussissent, sont plus importants.

Si l'article est vendu 100 $, vous recevrez 50 $ par chèque, par dépôt direct ou par PayPal, ce que certaines entreprises exigent.

L'ouverture d'un compte PayPal est gratuite, tout comme l'ouverture d'un compte Click Bank, où vous trouverez de nombreux produits très demandés qui peuvent vous rapporter jusqu'à 75 % du prix de vente à chaque vente en tant qu'affilié, bien que vous deviez vendre pour gagner de l'argent.

Quand je dis "vendre", je veux dire que le message sur votre site Web génère une demande tandis que le site Web principal de votre entreprise conclut l'affaire. Sinon, vous attendrez une éternité.

Cela permet aux soi-disant super-affiliés de gagner des sommes astronomiques alors que les autres n'obtiennent rien. Ils attirent les visiteurs sur leur site Web, capturent leurs adresses électroniques et leurs noms, les dirigent vers le site Web principal de l'entreprise et créent une relation avec eux.

Pourquoi les gens devraient-ils vous faire confiance ? Pratiquement personne n'achètera chez vous lors de sa première visite, surtout s'il ne sait pas qui vous êtes. Par conséquent, il faudra peut-être de nombreux courriers électroniques contenant des conseils utiles et gratuits avant qu'ils ne soient disposés à vous faire confiance et à acheter les produits que vous suggérez.

D'ailleurs, pourquoi devriez-vous me croire à ce sujet ? Puisque je ne vous coûte pas un centime, si vous trouvez que ce que je dis n'a aucune valeur, il vous suffit de supprimer ce message ; cependant, vous commettriez la plus grave erreur possible si vous le faisiez sans lire la suite.

La plupart des soi-disant gourous veulent que vous les payiez d'avance pour apprendre quoi que ce soit sans savoir si ce qu'ils disent est vrai ou si vous gagnerez de l'argent en utilisant les informations qu'ils fournissent.

J'aimerais avoir un centime pour chaque site Web ou e-mail dont le titre est "Vous pouvez gagner 30 000 dollars en 15 jours", comme si un débutant pouvait le faire. Oui, les cochons qui courent assez vite peuvent apprendre à voler.

Une personne qui gère avec succès son activité sur Internet depuis un an ou deux et qui a vendu des centaines ou des milliers de produits identiques à ses consommateurs dévoués peut gagner cet argent et parfois beaucoup plus. Pourtant, si vous êtes un novice, vous ne faites qu'espérer.

Mais assez parlé de cela ; passons à comment et pourquoi vous devriez commencer à faire cela. Pourquoi des personnes qui ne sont pas plus intelligentes que vous gagneraient-elles dix fois plus d'argent par jour que vous, alors que vous travaillez jusqu'à votre mort prématurée pendant quatre à six semaines ou plus, est une question à laquelle je peux facilement répondre.

C'est une réalité que certains étudiants qui n'avaient aucune note significative à l'école sont aujourd'hui multimillionnaires, tandis que ceux qui excellaient balaient les rues pour des cacahuètes. La richesse n'est plus associée à l'intelligence, à la matière grise ou au fait d'être surhumain. Grâce à la puissance de l'internet, des individus ordinaires gagnent souvent des millions et jouissent d'un style de vie somptueux avec beaucoup de temps libre chaque jour.

De nombreuses personnes pensent qu'avoir plus d'argent est une mauvaise chose ou une erreur, mais elles ne comprennent pas pourquoi tout le monde devrait essayer d'amasser une richesse substantielle. Si vous êtes riche, vous pouvez soutenir de nombreuses causes louables et ceux qui en ont le plus besoin. En revanche, si vous êtes pauvre, vous ne pouvez même pas vous aider vous-même.

J'ai déjà été pauvre et j'ai détesté ça, alors j'essaie maintenant de devenir riche, pour pouvoir aider les autres au lieu de dépenser tout mon argent dans des manoirs, des véhicules, des vacances, des bijoux et des montres coûteux. Le fait de disposer d'une grande quantité de liquidités me ferait sentir mal si je ne faisais pas de dons pour aider d'autres personnes dans le besoin.

Par conséquent, 85 % des personnes qui gagnent des millions à la loterie nationale au Royaume-Uni dépensent généralement tout leur argent en quelques années et finissent plus pauvres qu'avant. Ils gaspillent tout leur argent pour des plaisirs qu'ils ne peuvent se permettre, sans investir dans quoi que ce soit qui leur assure un flux régulier de revenus.

Lorsqu'ils reçoivent leurs richesses, ils reçoivent de nombreux conseils utiles mais sont avides et refusent d'écouter. En revanche, les personnes qui s'enrichissent grâce à leur entreprise restent presque toujours riches car, après avoir appris à créer de l'argent, elles sont motivées pour en gagner davantage afin de conserver leur fortune.

Même si leur entreprise échoue en période difficile, elles se relancent souvent et redeviennent riches parce qu'elles savent quoi faire et apprennent de leurs expériences.

Commençons donc par être un homme d'affaires et libérez-vous des chaînes de la dépendance de l'esclavage salarié qui vous ont empêché de réaliser votre droit de naissance, un niveau de vie équitable.

Quelle est la stratégie étape par étape que nous employons ? Je vais vous le dire immédiatement.

ÉTAPE 1.

Déterminez ce que vous avez le plus envie de faire ou de travailler, car faire quelque chose que vous aimez est plus susceptible de vous motiver à travailler qu'un emploi que vous faites uniquement pour l'argent.

Vérifiez si de nombreuses personnes recherchent des informations ou une solution à un problème similaire à votre passion ou à votre expertise.

Pouvez-vous les localiser et leur fournir ce dont ils ont besoin?

Combien d'autres sites web remplissent déjà cette fonction, et pouvez-vous la remplir mieux?

Les chercheurs sont-ils prêts à payer pour obtenir des réponses ? Si d'autres sites Web sont en concurrence, il doit y avoir une possibilité de générer des revenus.

S'il y a trop de sites Web, il peut être préférable de trouver un autre marché affamé et impatient à servir ou de devenir un affilié du site le plus vendu s'il dispose d'une page d'inscription pour les affiliés.

Une fois que vous avez identifié un petit nombre de concurrents, déterminez combien de personnes recherchent cette information en ligne chaque mois.

Vous devez trouver une niche dans ce marché où peu de gens fournissent des informations ou ne les fournissent pas de manière adéquate.

Supposons que vous aimez jouer au golf. Si vous entrez "golf" dans Google, vous obtiendrez plus d'un million de résultats inutilisables car des centaines de sites Web vendent du matériel de golf, font la promotion de terrains de golf et proposent des leçons de golf. Par conséquent, vous devez trouver un segment de marché où la concurrence est nettement moins forte afin d'augmenter vos chances de gagner de l'argent.

Si vous essayez de "réparer votre tranche de golf", vos chiffres commenceront à s'améliorer, mais vous devez consacrer beaucoup de temps à cette recherche essentielle ; sinon, vous ne pourrez pas quitter votre travail de sitôt.

Une niche est un segment de marché hautement spécialisé ; si vous vous spécialisez, vous avez de bien meilleures chances de lancer votre première entreprise. Une fois que vous avez identifié un groupe probable de personnes qui cherchent des réponses mais ont des difficultés à les trouver, vous pouvez leur fournir ce dont elles ont besoin en effectuant d'autres recherches sur Internet.

Il existe de nombreuses catégories sur Click Bank où vous pouvez découvrir ce que les autres achètent. Amazon et eBay sont également d'excellentes sources. N'oubliez pas de déterminer le nombre de recherches Google utilisant des termes clés. La liste des expressions liées au golf comprend " livres de golf, golf, comment jouer au golf, comment jouer comme un pro ", etc.

Après avoir décidé sur quoi baser votre première activité, trouvez quelqu'un ayant un lien d'affiliation sur son site Web, inscrivez-vous et développez votre site Web avec un résumé des avantages du produit, que vous devriez acheter et utiliser vous-même. Vous pouvez ensuite écrire un livre décrivant comment votre vie s'est grandement améliorée depuis que vous avez acheté le produit.

Rendez ce livre aussi attrayant que possible afin que tous ceux qui le liront le désirent, mais seulement si ce que vous dites est vrai. Si vous essayez de faire semblant, ils comprendront et vous ne gagnerez pas d'argent. Concentrez-vous donc sur les avantages plutôt que sur les caractéristiques et n'achetez que ce dont vous avez vraiment besoin.

La transmission automatique à six vitesses d'un véhicule n'est pas pertinente. Il est avantageux de leur dire que les changements de vitesse sont si doux qu'on les remarque à peine. Personne ne s'enthousiasme pour les sièges en cuir, mais c'est un plus si vous dites que vous avez conduit 350 miles et que vous êtes arrivé en sentant la rose.

Ce sont les avantages, et non les caractéristiques, qui motivent les consommateurs à accepter vos offres. C'est une question de "qu'est-ce que j'y gagne", car personne ne se souciera que vous ayez besoin d'argent s'il n'est pas convaincu que sa vie sera meilleure.

Par conséquent, que veulent les gens aujourd'hui, que vous pouvez leur fournir et pour lequel ils sont prêts à dépenser de l'argent ? Réfléchissez à ce qui rendrait votre vie nettement meilleure. Existe-t-il un moyen de gagner beaucoup plus d'argent sans travailler longtemps ?

De nombreux individus y cherchent des réponses, mais la majorité d'entre eux sont finalement dupés trop souvent ou se découragent lorsqu'ils réalisent que, au moins au début, un travail acharné serait nécessaire.

Ceux qui recherchent des solutions simples, de grosses sommes d'argent et peu ou pas d'efforts tomberont constamment dans les combines de "devenir riche rapidement" et s'appauvriront. La réalité est qu'il n'existe pas de raccourci facile vers la richesse, et seuls ceux qui s'attendent à ce que tout leur soit donné tombent dans le panneau. Par conséquent, jusqu'à quel point êtes-vous prêt à travailler pendant vos six heures de temps libre à la maison chaque semaine ?

Quelques efforts maintenant feront passer votre vie d'ordinaire à extraordinaire ; cela n'en vaut-il pas la peine ? Êtes-vous prêt à vous lancer, ou vous contentez-vous de continuer à faire ce qui ne vous a pas apporté la vie que vous désirez ? Vous avez le choix, alors choisissez le bon, ou vous vous demanderez toujours "et si..."?

CHAPITRE 3: LA CROISSANCE DES VENTES EN PÉRIODE DE RÉCESSION.

Il y a toujours un aspect positif à chaque circonstance. Si je reconnais qu'une récession peut affecter votre entreprise, elle ne dicte pas son résultat. C'est vous qui le contrôlez, mais peu de propriétaires d'entreprise comprennent comment le faire. Une fois que cette idée est ancrée dans votre être et votre fonctionnement, l'augmentation des ventes pendant une récession devient plus probable ; elle devient un modèle qui transcende les périodes d'expansion et de ralentissement !

À mon avis, une récession met en évidence et amplifie les inefficacités et les mauvaises pratiques d'une entreprise qui a été autorisée à survivre dans un marché qui allait vers le haut.

En période de prospérité, la plupart des entreprises se contentent d'un retour sur investissement satisfaisant, et peu d'entre elles reconnaissent qu'elles pourraient réaliser des ventes nettement supérieures si elles se rendaient compte que la dynamique interne de leur entreprise n'est pas précise.

De plus, les périodes de prospérité ont tendance à favoriser la "paresse" dans les affaires, lorsqu'il y a peu de motivation pour apprendre, repousser les limites de la croissance des ventes ou évaluer de manière critique les systèmes/actions qui ne contribuent guère à augmenter les ventes.

Les périodes de récession ont également tendance à mettre en évidence l'absence d'idées et de solutions de nombre de nos soi-disant "leaders" commerciaux. Les leaders et les innovateurs sont ceux qui ouvrent la voie et repoussent sans cesse les limites de leurs secteurs respectifs. Malheureusement, il y a si peu de véritables leaders et innovateurs.

Ils agissent ainsi dans les bons et les mauvais moments parce qu'ils sont ce qu'ils sont. Ils sont toujours à la recherche de moyens d'augmenter les ventes. Ils reconnaissent que l'état actuel de leur entreprise est le résultat direct des actions et des décisions prises dans le passé. Si le résultat n'est pas satisfaisant, ils modifient leurs décisions et leurs activités pour générer des résultats favorables.

Les leaders et les innovateurs représentent une très petite partie du monde des affaires. Par conséquent, ils peuvent continuer à générer une croissance des ventes. Pourtant, il n'est pas difficile de les découvrir sur n'importe quel marché - leurs entreprises sont les quelques rares qui semblent toujours actives, ont toujours des clients et sont généralement reconnues comme les leaders du marché dans leur secteur. Mais comme nous l'avons dit, il s'agit d'une poignée de personnes triées sur le volet.

Pourquoi en est-il ainsi ?

Qu'est-ce qu'ils savent ou font qui est distinctif?

L'explication simple est que les propriétaires de ces entreprises prospères ne pensent pas et n'agissent pas comme la plupart des autres propriétaires. Ces personnes sont impliquées dans toutes les facettes de leur entreprise. Ils ont des attentes extrêmement élevées envers eux-mêmes, leurs employés et leur entreprise.

Ces entreprises rentables ne sont pas le fruit du hasard. Elles font des distinctions que la majorité ne fait pas. C'est aussi simple que de regarder le même élément d'un point de vue différent.

La technique la plus efficace pour vous faire comprendre est de vous poser les questions suivantes:

1. Avez-vous une connaissance approfondie de vos produits/services ?
2. Connaissez-vous les arguments de vente uniques de votre entreprise ?
3. Êtes-vous conscient que 1 % de vos actions peut fournir 98 % de vos revenus ?

4. Êtes-vous conscient que la perte de clients peut entraîner une augmentation des bénéfices ?
5. Êtes-vous certain que votre entreprise est la plus grande sur le marché local ?
6. Avez-vous une connaissance approfondie de votre marché local ?
7. Recherchez-vous activement le changement ?
8. Êtes-vous conscient de la grande distinction entre les propriétaires d'entreprise et les entrepreneurs ?
9. Connaissez-vous votre situation financière actuelle ?
10. Savez-vous que la concurrence n'existe pas ?
11. Êtes-vous conscient que toutes les réponses à toutes les questions peuvent être trouvées dans votre organisation?

Les réponses positives et rapides à ces questions permettent d'identifier les entreprises de pointe. Elles choisissent des entreprises qui ont une mission, et une base solide axée sur l'expansion.

Si vous avez répondu "non" à l'une de ces questions, j'en déduis que votre entreprise n'est pas "ancrée" sur une base stable et qu'elle est probablement portée par les vents de la récession. La bonne nouvelle, c'est que votre entreprise a le plus grand potentiel de croissance rapide et robuste de ses ventes, MÊME DANS CE CLIMAT ÉCONOMIQUE!

Examinons plus en détail la première question.

La première étape pour les personnes travaillant dans le secteur des cafés consiste à examiner les maillons de la chaîne d'approvisionnement de chaque produit et à recueillir les informations les plus récentes et les plus précises concernant les produits/fournisseurs qui offrent une cohérence absolue et la meilleure qualité.

Dès qu'une baisse des ventes se produit, les propriétaires réagissent immédiatement en réduisant toutes les dépenses d'exploitation. Bien qu'il soit louable d'essayer de réduire les dépenses d'exploitation, le faire au détriment de la cohérence et de la qualité des produits aura un impact direct et négatif sur les ventes.

En outre, certains produits nécessitent une plus grande expertise en matière de transformation pour garantir une uniformité totale et une qualité optimale. Lorsqu'un produit, tel que le café, a fait l'objet d'un compromis sur le prix, son homogénéité et sa qualité sont généralement réduites tout au long de la transformation.

Pourquoi est-ce que c'est si?

Le plus souvent, il existe une corrélation directe entre les organisations qui privilégient la réduction des coûts et le manque de formation des employés. Lorsqu'un barista n'a pas l'expertise et les capacités nécessaires pour préparer les grains de café avec une cohérence absolue et la meilleure qualité possible, le client final reçoit un produit de qualité inférieure, sans différenciation sur le marché local.

J'ai vu de nombreuses entreprises créer par inadvertance un point de différenciation avec leur café inconsistant et de qualité inférieure.

Comme je l'ai déjà dit, la ligne de front n'est qu'un maillon de la chaîne d'approvisionnement du café. Si l'un de ces maillons manque de cohérence totale et de la meilleure qualité possible, la capacité d'une entreprise à augmenter rapidement ses ventes diminue considérablement.

Une expertise supérieure, une analyse comparative continue et un dévouement inégalé à la qualité peuvent initialement "coûter" à une entreprise, mais le retour sur la croissance des ventes est tout simplement remarquable. Un taux de croissance de 100 à 1 000 % par an vous intéresserait-il ?

Pour ce type d'amélioration des performances, je préfère parler de ce "coût" initial comme d'un "investissement à effet de levier". Ayant travaillé avec plus de mille entreprises de café. Cette stratégie simple s'est avérée efficace à plusieurs reprises.

J'ai découvert que le plus grand obstacle à un changement d'orientation est la difficulté des propriétaires d'entreprises à accepter qu'investir un peu plus pour obtenir les produits de la plus haute qualité sur le marché (plutôt que de réduire les dépenses) peut augmenter les ventes de manière significative. En d'autres termes, ils ne croient pas que les taux de croissance que j'ai cités soient possibles.

Les vieilles habitudes ont la vie dure. Si j'étais habitué à des rendements moyens pendant quelques années et que j'observais que d'autres entreprises autour de moi accomplissaient la même chose, je considérerais les rendements moyens comme la norme.

La réalité est qu'une entreprise ne peut JAMAIS économiser pour réussir ; elle doit plutôt VENDRE pour réussir, et le meilleur moyen d'y parvenir est d'offrir aux clients un meilleur produit à un prix raisonnable. Vous avez remarqué que je n'ai pas exigé que vos produits soient bon marché ?

Le fait d'être le produit le moins cher en ville attire des clients bon marché, ce qui augmente la charge de travail de votre personnel pour un faible rendement. Ajouter de la valeur pour l'argent attire ceux qui sont prêts à payer pour cela et augmente votre rendement.

Malgré cela, il ne suffit pas de supposer que les produits les plus chers du marché sont de la meilleure qualité. Un mélange d'éléments rend un produit supérieur à un autre pour votre entreprise. Ces facteurs comprennent:

- Le niveau de maturité du marché, c'est-à-dire le degré de sophistication des goûts des consommateurs pour le produit en question.
- L'analyse comparative est effectuée de manière objective et par le biais d'un groupe de discussion ; elle n'est jamais effectuée de manière subjective.
- Le niveau de compétence, l'expertise et l'expérience du fabricant.
- La qualité des premières matières premières, souvent appelées origines ou antécédents.
- Le plus important, peut-être, est de savoir quel produit répond à l'objectif stratégique global de l'entreprise (je suppose qu'il s'agit de la croissance des revenus dans la plupart des cas, mais cela n'a pas toujours été le cas.)

Comme vous pouvez le constater, il faut beaucoup plus de travail et de réflexion que la plupart des propriétaires d'entreprise ne l'imaginent ou n'osent le faire. Indépendamment de la récession, la croissance rapide et accélérée des ventes est la récompense de la poursuite et de l'exploration des détails derrière chaque question au même degré que la première.

Il est possible de rendre votre entreprise résistante à TOUTES les variables externes par la concentration et la diligence. Cela inclut les conditions économiques et les tendances d'achat des consommateurs. Les questions ci-dessus fournissent les informations nécessaires pour développer votre entreprise dans cette direction.

Les opérateurs de premier plan savent que l'état interne de leur entreprise détermine les résultats de leurs ventes et la rentabilité globale de leurs activités. Pour commencer à faire évoluer votre entreprise vers cet état "ultime", il est essentiel d'acquérir des informations de pointe et de les mettre en œuvre au sein de votre organisation. Seules les connaissances, les systèmes et les activités qui augmentent rapidement les ventes devraient être sanctionnés. Tout le reste n'est que perte de temps et d'efforts.

En outre, il est essentiel de ne jamais se convaincre que vos connaissances sont suffisantes. Personne ne l'est jamais, et le fait de comprendre cela garantit que vous et votre organisation continuerez à rechercher de nouvelles opportunités et à progresser positivement malgré des conditions de marché en constante évolution.

Ironiquement, c'est simple à comprendre mais difficile à mettre en œuvre. Plus vous et vos employés apprendrez, organiserez et utiliserez ces connaissances, plus vos ventes seront élevées. C'est pourquoi il y a si peu d'entreprises au sommet.

Toutes les autres souffrent de manière disproportionnée pendant les récessions. J'espère vous avoir incité à réfléchir au mode de fonctionnement actuel de votre entreprise. Dans cette situation économique, rien d'autre qu'une augmentation des ventes ne prouvera que vous mettez en œuvre certaines des suggestions ci-dessus.

CHAPITRE 4: LE MARKETING PENDANT UNE RÉCESSION ÉCONOMIQUE.

La question de savoir si une récession se produira ou non est encore sujette à controverse. Cependant, elle soulève une question sensible pour de nombreuses entreprises. Faut-il maintenir les dépenses de marketing ou les reporter jusqu'à ce que l'économie s'améliore?

Laissez votre marque se vendre d'elle-même.

When the economy's stability is in question, the initial response of many businesses is to reduce their marketing activities until the bull market returns. There is no better time to market than during a genuine or perceived recession.

During the 1990-1991 economic recession, John Vanderzee, former advertising manager for the Ford division of Ford Motor Company, stated, "Anyone who retrenches due to the recession has his head buried in the sand." Vanderzee then noted that investing in marketing amid a recession is essential.

A recession might be viewed as an opportunity rather than a death sentence. Customers are assessing their alternatives carefully and will continue seeking affordable, high-quality products and services as they become more cost-conscious. You are already ahead of the curve if your product or service is synonymous with value.

In addition, your competitors may be less noticeable, as many businesses fail to recognize the opportunity and reduce their marketing expenditures. As a result, they forfeit market share opportunities. As a result, your ongoing marketing activities stand out and are more likely to be heard because there is less market buzz.

During a recession, a strong brand may pay huge benefits, greatly boosting the success of your marketing activities. Suppose your brand displays value to your audience, is well-managed, establishes an emotional connection with your target audience, and instills loyalty. In that case, you will likely fare well during any supposed recession.

The Retirement Red Zone campaign by Prudential is one example. It addresses the retirement concerns of consumers and reassures the audience that they may reach their retirement goals despite the current economic climate.

Utilizing television, radio, and print advertisements, the campaign directs consumers to the Prudential website. They can interact with personal advisors and access different instructional tools, resources, and information on their websites.

Don't fear if your brand doesn't fulfill the standards mentioned above. Now is an excellent time to increase visibility (often amid less competition).

Take the time to perfect your brand and communicate with your audience to emphasize its worth.

Also, you can have a well-known brand yet a superior product or service. You can question whether or not your audience will continue to "indulge" when times are difficult. If you have effectively defined and strengthened your brand, your core customers will continue to purchase. Consider Tiffany's as an example.

Despite economic recessions, Tiffany's continues to prosper. People continue to purchase despite the price since the brand's quality, and enduring appeal has been bolstered. The packaging's robin's-egg blue hue is instantly identifiable, even without the brand's name. It communicates the brand without using words.

You think of hope when you see an envelope or package from Tiffany's. Promise. Something of worth and sophistication Tiffany's items may be expensive, but they represent quality and evoke powerful, pleasant feelings in their target market.

In addition, there are options to revitalize your brand. Utilize this opportunity to reeducate your employees on the importance of brand loyalty and how it helps to sustain sales during economic downturns.

This is just what Tylenol achieved and transferred its internal devotion into outward marketing. The corporation created a campaign that featured its employees promoting the brand and expressing their loyalty to the organization.

Also, you might refocus your brand to appeal to a larger or new audience. Dove's Campaign for Real Beauty addressed society's impossible and unreasonable beauty standards for women by declaring, "You are beautiful as you are."

In support of this campaign, Dove encouraged all women to recognize their natural beauty. The campaign engaged the public by allowing them, among other things, to tell their story, build their campaigns for true beauty, and participate in contests and blogs. As a result, the audience assisted in promoting the Dove brand.

Remember that the economy will eventually recover. Consistent marketing during a recession helps maintain momentum. It leaves an indelible stamp on the memory of your target audience, making them more inclined to return to a more stable economic climate. Those who abandon or limit their marketing efforts during a recession have a considerably more difficult time rebounding once the economy recoversLorsque la stabilité de l'économie est remise en question, la première réaction de nombreuses entreprises est de réduire leurs activités de marketing jusqu'au retour du marché haussier. Il n'y a pas de meilleur moment pour faire du marketing que pendant une récession réelle ou perçue.

Au cours de la récession économique de 1990-1991, John Vanderzee, ancien directeur de la publicité de la division Ford de la Ford Motor Company, a déclaré : "Quiconque se retire en raison de la récession a la tête enfouie dans le sable." Vanderzee a ensuite fait remarquer qu'il est essentiel d'investir dans le marketing en période de récession.

Une récession peut être considérée comme une opportunité plutôt que comme une condamnation à mort. Les clients évaluent soigneusement leurs alternatives et continueront à rechercher des produits et services abordables et de qualité, car ils sont de plus en plus conscients des coûts. Vous avez déjà une longueur d'avance si votre produit ou service est synonyme de valeur.

En outre, vos concurrents sont peut-être moins visibles, car de nombreuses entreprises ne reconnaissent pas l'opportunité et réduisent leurs dépenses de marketing. En conséquence, elles renoncent à des opportunités de parts de marché. Par conséquent, vos activités de marketing en cours se démarquent et ont plus de chances d'être entendues car il y a moins d'agitation sur le marché.

En période de récession, une marque forte peut rapporter gros, en stimulant considérablement le succès de vos activités de marketing. Supposons que votre marque présente de la valeur pour votre public, qu'elle soit bien gérée, qu'elle établisse un lien émotionnel avec votre public cible et qu'elle suscite la loyauté. Dans ce cas, vous vous en sortirez probablement bien pendant une supposée récession.

La campagne Retirement Red Zone de Prudential en est un exemple. Elle aborde les préoccupations des consommateurs en matière de retraite et rassure le public sur le fait qu'ils peuvent atteindre leurs objectifs de retraite malgré le climat économique actuel.

Grâce à des publicités télévisées, radiophoniques et imprimées, la campagne dirige les consommateurs vers le site Web de Prudential. Ils peuvent interagir avec des conseillers personnels et accéder à différents outils pédagogiques, ressources et informations sur leurs sites Web.

N'ayez pas peur si votre marque ne répond pas aux normes mentionnées ci-dessus. C'est le moment idéal pour accroître votre visibilité (souvent dans un contexte de moindre concurrence). Prenez le temps de perfectionner votre marque et de communiquer avec votre public pour en souligner la valeur.

Vous pouvez aussi avoir une marque connue et pourtant un produit ou un service supérieur. Vous pouvez vous demander si votre public continuera ou non à "se faire plaisir" lorsque les temps seront difficiles. Si vous avez efficacement défini et renforcé votre marque, vos principaux clients continueront à acheter. Prenons l'exemple de Tiffany's.

Malgré les récessions économiques, Tiffany's continue de prospérer. Les gens continuent d'acheter malgré le prix, car la qualité et l'attrait durable de la marque ont été renforcés. La teinte bleu robin des emballages est immédiatement identifiable, même sans le nom de la marque. Elle communique la marque sans utiliser de mots.

Vous pensez à l'espoir lorsque vous voyez une enveloppe ou un paquet de Tiffany. Une promesse. Quelque chose de précieux et de raffiné Les articles Tiffany's sont peut-être chers, mais ils représentent la qualité et évoquent des sentiments puissants et agréables sur leur marché cible.

En outre, il existe des options pour revitaliser votre marque. Profitez de cette occasion pour rééduquer vos employés sur l'importance de la fidélité à la marque et sur la manière dont elle contribue à soutenir les ventes en période de ralentissement économique.

C'est exactement ce qu'a fait Tylenol, qui a transféré son dévouement interne en marketing externe. La société a créé une campagne dans laquelle ses employés font la promotion de la marque et expriment leur loyauté envers l'organisation.

Vous pouvez également recentrer votre marque pour attirer un public plus large ou nouveau. La campagne de Dove pour la vraie beauté s'est attaquée aux normes de beauté impossibles et déraisonnables de la société pour les femmes en déclarant : "Vous êtes belle comme vous êtes."

Dans le cadre de cette campagne, Dove a encouragé toutes les femmes à reconnaître leur beauté naturelle. La campagne a engagé le public en lui permettant, entre autres, de raconter son histoire, de construire sa campagne pour la vraie beauté et de participer à des concours et des blogs. En conséquence, le public a contribué à la promotion de la marque Dove.

N'oubliez pas que l'économie finira par se redresser. Un marketing cohérent pendant une récession permet de maintenir l'élan. Il laisse une empreinte indélébile dans la mémoire de votre public cible, ce qui le rend plus enclin à revenir à un climat économique plus stable. Ceux qui abandonnent ou limitent leurs efforts de marketing pendant une récession ont beaucoup plus de mal à rebondir lorsque l'économie se redresse.

Créer de la limonade à partir de citrons.

Votre stratégie marketing actuelle doit tenir compte des récessions économiques, et il n'existe pas de solution unique. Vous devez examiner le capital de marque de votre entreprise sur le marché et la valeur de vos produits/services pour trouver la méthode optimale. Voici néanmoins quelques stratégies à envisager:

Réitérer les inquiétudes de l'auditoire.

Puis, démontrez comment votre produit ou service peut répondre à leurs préoccupations. Avant d'acheter, votre public cherchera à obtenir des garanties que votre produit ou service lui apportera de grands avantages et une bonne valeur. Quaker Oats a redessiné son produit en réponse à la récession économique du début des années 1990, qui lui a valu des ventes médiocres.

Tout d'abord, ils ont engagé l'acteur Wilford Brimley, digne de confiance et grand-père, comme porte-parole. Ensuite, ils ont souligné que l'avoine était une source de protéines bon marché, un bol ne coûtant que neuf cents. Le résultat a été une augmentation des ventes.

Se concentrer sur un marché de niche.

Déterminez quel secteur de votre marché cible a le plus besoin de vos services. Ces clients sont plus susceptibles d'être réceptifs à votre message. Trouvez des moyens d'apporter une valeur ajoutée, par exemple en proposant des services supplémentaires ou étendus. Cela vous aidera à gagner leur confiance et à les fidéliser grâce à votre capacité d'adaptation dans un environnement commercial difficile.

Exploiter un marché inexploité.

Nous travaillons chaque jour à une échelle de plus en plus mondiale. Cherchez des marchés jusqu'alors inexplorés, en particulier ceux des pays étrangers. À mesure que des nations telles que la Chine continuent d'établir leur présence dans l'économie mondiale, deux choses vont se produire : les dépenses vont augmenter et ces nations vont acheter davantage de biens et de services occidentaux. Profitez de cette opportunité pour obtenir un avantage concurrentiel.

Démontrez votre caractère indispensable aux clients.

Même si vous le construisez, cela ne garantit pas que les gens viendront. Les entreprises doivent démontrer leur valeur aux clients, surtout en période de récession.

Fournissez des études de cas solides, des exemples de la façon dont les clients de votre cible pourraient bénéficier de vos services/produits, et des statistiques de réussite des clients pour appuyer votre proposition de valeur. Une marque réputée dégage de la valeur, ce qui favorise la fidélité des clients.

Faites appel aux émotions des prospects.

Ce n'est pas un hasard si les campagnes réussies font appel à la fidélité à la marque et aux émotions des clients. Wendy's a admis que la récession des années 1990 avait été dure, mais que l'on pouvait encore bien manger dans son restaurant. Les hamburgers étaient cuits à la commande avec du bœuf fraîchement haché. Le bar à salades, abondant et nutritif, était une option à volonté.

Tout au long de cette période de difficultés économiques, leurs ventes sont restées constantes. Bien qu'il soit très efficace, vous devez vous assurer que votre message est authentique, qu'il reflète les valeurs et les comportements de votre public cible et qu'il est simple à relayer.

Pourquoi ? Parce qu'un message très visuel et chargé d'émotions est plus susceptible d'avoir un effet d'entraînement, les clients diffusant la notoriété de la marque. En substance, vos clients et prospects deviennent un véhicule de marketing.

Combler le fossé de la communication. Dans le monde des affaires, la technologie a éclipsé l'importance de l'interaction humaine. Quel que soit le degré de perfectionnement de la technologie, elle ne peut remplacer la force des liens humains. Utilisez cette stratégie pour rencontrer vos clients et vos prospects qualifiés en personne.

Demandez-leur quels sont leurs soucis et obstacles actuels et comment vous pourriez les aider. Le fait d'écouter attentivement et d'aider les clients à résoudre leurs problèmes contribue grandement à maintenir la dynamique du marché.

Considérez vos produits ou services sous un jour nouveau. Vos produits ou services ont peut-être connu un certain succès dans le passé. En période de ralentissement économique, vous ne pouvez pas vous reposer sur une mentalité de "toujours la même chose". Réexaminez votre produit ou service pour identifier de nouvelles applications ou de nouveaux avantages pour le client.

Pendant la récession de 1990-1991, Kraft Foods a fait la promotion de sa sauce à steak A-1 comme un excellent condiment pour les hamburgers en plus du steak d'aloyau. Pendant cette période, les consommateurs étaient moins susceptibles de consommer du filet mignon et plus susceptibles d'ingérer du bœuf haché. Il s'agissait donc d'une sage décision.

Dépenser de l'argent sur des articles et des services qui prospèrent en période de récession. Au cours de la même période de ralentissement économique, Dow Chemical Company a réorienté son budget marketing du nettoyant Glass Plus vers les sacs de congélation Ziploc, une nouvelle gamme de produits à l'époque. L'entreprise a souligné la capacité de ces sacs à conserver la fraîcheur des restes. Là encore, il s'agissait d'un geste intelligent, car un nombre croissant de consommateurs dépensent moins et gaspillent moins.

L'évaluation et la mise en œuvre de stratégies de marque et de marketing efficaces peuvent vous aider à maintenir vos revenus pendant les périodes difficiles. En vérité, malgré les prévisions sombres, vous pouvez développer votre marque si vous la construisez et en faites la publicité de façon appropriée.

Les périodes de récession exigent des actions proactives.

En période difficile, il est essentiel d'établir une relation de confiance avec vos clients, de comprendre leurs valeurs et leurs habitudes, et de rester visible avec un message qui répond à leurs problèmes. Si vous continuez à établir et à gérer la valeur marchande de votre marque, votre entreprise sera en mesure de résister à tout effondrement économique.

L'éventualité d'une récession peut inciter de nombreuses personnes à agir de manière réactive. Adoptez plutôt une attitude proactive et découvrez les possibilités pour votre entreprise de tirer parti de cette situation. Ce faisant, votre entreprise sera plus forte et comptera peut-être quelques nouveaux consommateurs.

CHAPITRE 5: ÉTABLIR VOTRE IDENTITÉ PENDANT LA RÉCESSION.

La récession économique mondiale a entraîné la disparition d'un grand nombre des plus grandes entreprises et organisations du monde, des compagnies aériennes aux institutions financières. Parce qu'il travaillait pour l'une de ces entreprises ou l'un de ces groupes, c'est très probablement la raison pour laquelle votre voisin est généralement à la maison maintenant.

La montée en puissance de l'homme d'affaires avisé.

La réalité montre que la sécurité de l'emploi n'existe pas. Les saisies de maisons sont en hausse et les licenciements sont de plus en plus courants. Les gens perdent confiance en eux-mêmes plus qu'en leurs patrons. Toute petite entreprise est également vulnérable si les grands leaders du marché sont sensibles au marasme économique. Est-ce exact ?

Bien que cela soit vrai dans une certaine mesure, un certain entrepreneur intelligent émergera au cours de cette période creuse, une période d'incertitude financière pour les individus, les familles, les entreprises et les organisations. Au cours de cette période, de nombreux individus intelligents commenceront à prospérer.

Il a toujours été affirmé qu'une récession est le moment idéal pour créer une entreprise. Pendant ce moment, les entreprises qui vendent des produits et services de luxe commencent à mal fonctionner, tandis que celles qui vendent des produits de première nécessité commencent à bien fonctionner. Je pense que c'est le moment idéal pour en créer une, même si cela peut paraître insensé et risqué pour la plupart des gens.

Vous pouvez tirer parti du fait que votre voisin est au chômage en sachant que des milliers d'autres personnes sont dans la même situation. Sans en avoir l'intention négative, vous pouvez créer votre propre entreprise en proposant un produit ou un service dont le marché a besoin.

La plupart des gens pensent qu'ils ne peuvent pas créer une entreprise à l'heure actuelle parce que toutes les grandes entreprises font faillite, et ils supposent et déduisent qu'ils feront faillite eux aussi. Encore une fois, il n'existe pas de "Je ne peux pas" ou "Nous ne pouvons pas", car nous sommes tous humains et compétents. Qui aurait pu deviner que l'un de ces grands acteurs s'effondrerait comme Goliath ? Personne n'est présent.

C'est l'occasion de s'imposer comme une marque.

Si vous souhaitez lancer votre propre entreprise et vous établir en tant que marque, c'est le moment de le faire. Si la plupart des entreprises perdent de l'argent, il n'en va pas toujours de même pour vous.

Créez une entreprise qui fournit un produit ou un service dont les gens ont déjà besoin et dont ils ne peuvent se passer. N'oubliez pas que les consommateurs ont réduit leurs dépenses et changé leurs habitudes de consommation.

Nous dépensons une plus grande partie de notre argent pour des biens dont nous avons besoin et qui ont de la valeur pour nous. Si vous lancez une entreprise en vendant un produit ou un service que les gens ne veulent pas ou n'apprécient pas, vous pouvez perdre de l'argent et échouer.

Au lieu de vous lamenter et de vous inquiéter au sujet de la récession et de vous dire qu'il n'y a pas d'emplois, profitez de la crise en lançant votre propre petite entreprise et en vous présentant comme un entrepreneur prospère qui a réussi à s'imposer au milieu de la pire dépression économique depuis la Seconde Guerre mondiale.

CHAPITRE 6: COMMENT DÉVELOPPER VOTRE ENTREPRISE EN PÉRIODE DE RÉCESSION.

Malgré la morosité ambiante, les chefs d'entreprise avisés se préparent à un éventuel retour de l'économie. Alors que les clients réduisent leurs dépenses, que les cycles de vente s'allongent et que les revenus diminuent, la tentation de réduire radicalement les efforts de marketing, de vente et de service à la clientèle est énorme.

Quoi qu'il en soit, le téléphone sonne moins, les clients dépensent moins et il est difficile d'absorber les dépenses permanentes liées au marketing, aux ventes et au service à la clientèle. C'est le moment de rester ferme et de se développer.

Des études ont démontré à plusieurs reprises que les entreprises qui poursuivent ou développent leurs activités de marketing et de service à la clientèle pendant une récession gagnent des parts de marché et en sortent plus fortes à la fin de la crise.

Cela ne signifie pas que vous devez dépenser sans compter. Cependant, il y a trois domaines essentiels dans lesquels vous devriez dépenser maintenant pour propulser votre organisation au niveau supérieur pendant la reprise.

En période de difficultés économiques, le budget marketing est le premier à être réduit par les entreprises. Cependant, en réalité, une telle manœuvre ne fait qu'accroître la douleur. Dans quelques mois, votre succès futur sera déterminé par les ressources marketing et publicitaires que vous allouez aujourd'hui. La demande ne disparaît pas nécessairement pendant une récession, mais les cycles de vente s'allongent car la satisfaction est retardée.

Alors que vos concurrents réduisent leurs budgets, le maintien du vôtre augmentera votre part de voix dans les médias choisis et dans l'esprit de vos clients. Pour repousser les limites, saisissez l'occasion d'acquérir des créneaux publicitaires de premier ordre, autrefois détenus par des concurrents, ou de tester des stratégies de marketing que vous aviez dans un coin de votre tête. Vous avez probablement plus de temps à leur consacrer à ce stade.

1. Service à la clientèle - Une autre méthode efficace pour tirer parti d'une récession consiste à améliorer le service à la clientèle. Vous pouvez faire moins d'affaires, mais cela ne fait qu'augmenter la valeur de chaque client potentiel et existant. Permettre à vos consommateurs de naviguer dans un labyrinthe d'options à clavier ou les accueillir avec une boîte vocale peut vous faire économiser de l'argent à court terme, mais pourrait vous coûter cher à long terme.

2. Envisagez de faire appel à une entreprise qui offre une réponse téléphonique en direct ou, mieux encore, des services de réceptionniste locaux, hors site, où vos appels sont pris en direct et où les clients sont servis. Les appels peuvent être annoncés discrètement et vous être adressés en temps réel. Certaines sociétés de réceptionnistes peuvent

également organiser des rendez-vous pour vous sur place.

3. Systèmes - Vous devez donner la priorité à vos systèmes de vente et de service à la clientèle pendant une récession. C'est le moment de mettre en place un système pour soutenir les consommateurs en personne et au téléphone.

Si vous avez utilisé un système de vente et de service à la clientèle, vous pouvez souhaiter l'évaluer et l'améliorer. Insufflez la confiance des consommateurs en leur offrant une expérience cohérente, soignée et professionnelle lorsqu'ils contactent votre entreprise.

Les clients sont plus disposés à dépenser leur argent durement gagné auprès de votre entreprise s'ils sont plus confiants (surtout en période de difficultés économiques). Avoir un comportement confiant alors que peu de gens le font, c'est donner de la crédibilité à votre entreprise.

Lorsque l'économie s'améliore et que la demande refoulée de biens et de services est libérée, les investissements dans les domaines appropriés de votre organisation peuvent donner des résultats favorables.

CHAPITRE 7: COMMENT ARRÊTER DE S'INQUIÉTER ET REDIRIGER VOTRE ATTENTION VERS LA CROISSANCE DE VOTRE ENTREPRISE!

En affaires, comme dans la vie, vous devez savoir que vous obtenez ce sur quoi vous vous concentrez. Si vous vous concentrez sur ce que vous voulez, vous le recevrez ; de même, si vous vous concentrez sur ce que vous ne souhaitez pas, vous le recevrez également. Un de mes clients a récemment déclaré sans ambages : "Les gens sont en train de parler d'une récession".

Vous ressentirez probablement de l'anxiété, du stress, de la crainte, etc. si vous vous concentrez sur quelque chose que vous ne désirez pas. Rappelez-vous que l'inquiétude est la façon dont votre esprit vous rappelle de vous concentrer sur ce que vous désirez.

Une prophétie d'accomplissement de soi.

Trop de personnes sont tellement préoccupées par ce qu'elles ne veulent pas et souhaitent éviter qu'elles ne reconnaissent pas ce qu'elles peuvent avoir et les opportunités qui existent dans le présent.

Combien de fois envisagez-vous le pire scénario ou ce qui pourrait mal tourner, et quand cela se produit, vous faites la remarque suivante : "Je savais que cela arriverait" ? C'est devenu une prophétie auto-réalisatrice car il a été scientifiquement démontré que l'esprit ne peut pas faire la distinction entre les images vives et la réalité. À plus grande échelle, il en va de même pour l'économie.

J'ai vu des prévisions économiques devenir des prophéties auto-réalisatrices. Lorsqu'un nombre suffisant de consommateurs et d'entreprises acceptent les prévisions économiques et modifient leur comportement en conséquence, les prévisions se réalisent.

Les consommateurs et les entreprises modifient leurs décisions d'achat et d'investissement en fonction de leur niveau d'optimisme pour l'avenir. Lorsque les prévisions économiques pessimistes sont prédominantes, le comportement des consommateurs et des entreprises est modifié en conséquence, et les dépenses et les investissements diminuent. À l'inverse, lorsque les prévisions d'expansion sont nombreuses, la confiance, les dépenses et les investissements s'envolent, et notre société connaît des périodes d'expansion.

J'ai récemment fait de nombreuses rencontres uniques dans des points de vente au détail. Même lors de rencontres de réseautage, j'ai vu certains propriétaires d'entreprise tenir un discours cynique lorsqu'on les interrogeait sur leur entreprise. J'ai observé comment la vision pessimiste du personnel affectait son comportement et la qualité de son service à la clientèle.

En raison de leur préoccupation pour le pessimisme, ils ratent complètement les occasions de nouer des relations avec d'autres entreprises et de créer des opportunités de référence et de promotion croisée. Ils génèrent une prophétie qui se réalise d'elle-même : qui veut faire des affaires avec des personnes négatives ou les recommander ?

Les semblables attirent les semblables. Pour attirer les bonnes personnes et les bonnes opportunités, vous devez d'abord respirer la positivité. Accordez donc une attention particulière à votre attitude et à celle de votre équipe pendant ce moment. Si vous êtes chef d'équipe, gardez une attitude concentrée (et encouragez les membres de votre équipe à faire de même) afin que leur niveau de service aux clients existants et nouveaux reste élevé.

C'est plus que jamais essentiel pour se démarquer de la concurrence. Avec une attitude positive, vous serez mieux à même de voir et de saisir les opportunités lorsqu'elles se présentent. Quelle prophétie auto-réalisatrice souhaiteriez-vous que votre entreprise crée?

Reprendre le contrôle.

Se concentrer sur ce que vous pouvez influencer est la meilleure méthode pour reprendre le contrôle de votre entreprise et des événements qui se produisent autour de vous. Vous pouvez contrôler vos pensées, vos sentiments et vos actions (y compris la façon dont vous réagissez aux situations et aux personnes).

Se concentrer sur les autres, les événements ou les circonstances qui échappent à votre contrôle peut conduire à la frustration. Lorsque vous vous concentrez sur ce qui est sous votre contrôle, vous vous sentez plus heureux et plus apte à saisir les opportunités.

Voici une approche solide qui vous aidera à vous concentrer sur vos objectifs et à passer à l'action:

1. Considérez un événement à venir pour lequel vous êtes incertain ou anxieux, comme une présentation, une promotion, une réunion, etc.

2. Clarifiez le résultat que vous souhaitez obtenir pour cet événement.

3. Imaginez un écran de cinéma devant vous et imaginez-vous comme un acteur ou une actrice dans le film qui dépeint l'événement futur.

4. Pendant que vous regardez le film, imaginez que la situation se déroule exactement comme vous le souhaitez, que vous entendez les discussions que vous aimeriez entendre et que vous ressentez les émotions que vous aimeriez éprouver.

5. 5. Observez comment vous vous sentez maintenant mieux à propos de l'événement et l'anticipez.

Les entrepreneurs et les athlètes qui réussissent bien visualisent une bonne réunion ou un bon match en utilisant cette stratégie. Selon des recherches, les athlètes qui visualisent la répétition et la réussite d'un match obtiennent d'aussi bons résultats le jour du match que les athlètes qui ont répété physiquement et se sont entraînés avant le match.

Imaginez ce que vous ressentiriez si vous preniez votre vie en main et vous concentriez sur ce que vous pouvez contrôler, ainsi que l'impact que cela aurait sur la croissance et le succès de votre entreprise!

CHAPITRE 8: ÊTRE ACTIF PLUTÔT QUE PROACTIF.

La plupart des entreprises examinent leurs dépenses pendant la crise économique actuelle, mais ne sont pas disposées à réévaluer leur situation financière globale. Au lieu de modifier leurs opérations commerciales ou leur portée, elles vont réduire leurs coûts, licencier des employés - en commençant généralement par les ventes - et faire l'autruche jusqu'à ce qu'elles voient des signes de reprise.

C'est une approche, mais ce n'est peut-être pas la plus efficace. Pour ceux qui sont réceptifs à des perspectives alternatives, voici une autre façon de voir la situation actuelle:

Se concentrer initialement sur le service à la clientèle.

Appelez vos consommateurs et discutez de leur situation spécifique. Demandez-leur comment la récession économique affectera leur entreprise, ce qui revient à parler de l'éléphant de 600 livres qui se trouve dans votre salon. Demandez-leur comment vous pouvez les aider à développer leur activité malgré la récession. Demandez-leur quel est le client de leurs rêves et comment vous pourriez faciliter une rencontre.

Lorsque l'économie connaît des difficultés, vos consommateurs sont votre plus grand atout. Assurez-vous de prendre soin d'eux, sinon ils risquent de chercher un emploi ailleurs lorsque l'économie changera.

Prédire leurs besoins.

Pendant une période de ralentissement de l'activité, vous pouvez offrir une formation gratuite à Word, Outlook et Excel au personnel de vos clients. Prendre une heure pour organiser un webinaire pour vos clients peut contribuer à démontrer votre engagement et votre sensibilité à leurs besoins.

Évitez de prendre des décisions fondées sur la peur.

Il est acceptable de réduire les effectifs, mais vous ne devez pas le faire par peur. Toute décision prise de manière réactive et par peur ne produira souvent pas le résultat optimal.

Historiquement, il y a eu plus de millionnaires dans les années 1930, après la crise boursière. Pourquoi?

La possibilité est à vendre.

Le moment est idéal pour varier votre produit. Si vous n'avez pas encore fourni de services de sauvegarde à vos utilisateurs finaux, c'est peut-être l'occasion rêvée de commencer à élaborer une stratégie marketing pour le faire.

La plupart des personnes avec lesquelles vous collaborez savent que l'économie va se redresser. En outre, elles sont probablement très intéressées par la résolution de leurs problèmes d'inefficacité, ce qui fait de cette période le moment idéal pour leur parler de l'amélioration de leur efficacité informatique.

Quelles sont vos principales préoccupations?

Ne cherchez pas d'excuses. Le manque de temps et le manque d'argent ne sont que des excuses.

Le mariage de votre meilleur ami approche. Le mariage aura lieu sur une plage privée à Hawaï. Votre ami fortuné vous fournira un billet d'avion aller-retour et un hébergement sur la plage. De plus, toute la nourriture et les boissons sont gratuites ; le seul besoin est de monter à bord de l'avion. Il n'y a qu'un seul vol qui part pour Hawaï à 5 h 30 du matin.

Si vous manquez le vol, vous ne pourrez pas assister au mariage. Oh, et vous recevrez 10 000 $ pour être monté à bord de l'avion. Il n'y a aucune possibilité que vous manquiez ce vol, à moins que vous n'ayez décidé de ne pas assister au mariage.

Quelle est votre principale motivation pour faire des affaires ? Vous engagez-vous régulièrement dans les activités d'expansion commerciale les plus rentables ?

La plupart des individus trouveront le temps de poursuivre leurs intérêts. Si la création de votre entreprise n'est plus votre passion et votre valeur, vous devriez quitter le secteur. Votre entreprise n'est aussi solide que son maillon le plus faible.

Quel est votre atout le plus précieux?

Vous devriez évaluer pourquoi votre actif numéro un n'est pas vos clients.

Les contacts que vous avez cultivés sont votre source de revenus et votre intelligence du marché. La plupart des entrepreneurs sont performants au début de leur aventure mais perdent le contact une fois qu'ils connaissent le succès. Il s'agit d'une tendance générale que j'observe dans tous les secteurs, mais qui peut être exacerbée dans le secteur des TI en raison de l'aspect de la prestation de services.

Maintenez-vous la communication avec vos clients?

Lorsque l'économie commence à stagner, les entreprises ont beaucoup plus de mal à se frayer un chemin vers de nouveaux prospects et commencent à croire que la création de nouvelles entreprises est impossible.

Malgré cela, la plupart des entreprises découvrent qu'une approche cohérente permet d'acquérir plus facilement de nouveaux clients. Choisissez une activité pour laquelle vous allez prévoir du temps chaque jour ou chaque semaine. Par exemple, passez un certain nombre d'appels quotidiens à vos clients actuels, ou prévoyez un café ou un déjeuner avec vos collègues.

Améliorer vos compétences en matière de marketing et de vente.

Dans l'histoire de notre économie, les choses se détériorent souvent avant de s'améliorer. Toutefois, elles s'améliorent généralement. Il est essentiel de travailler dur aujourd'hui pour que, lorsque les choses s'amélioreront, vous puissiez récolter les fruits de vos efforts. L'utilisation parfaite de votre énergie et de votre temps consiste à améliorer vos compétences en marketing et en vente.

La plupart des propriétaires d'entreprises de TI conviendraient qu'ils ne sont pas bons en vente, et ceux qui prétendent l'être ne sont pas si bons que cela. La plupart d'entre nous, dans le domaine de la vente, doivent constamment se battre pour s'améliorer et éviter de commettre des erreurs typiques.

Disons que vous apprenez une nouvelle approche par mois qui vous aide à conclure une nouvelle affaire. Cela représente douze nouvelles ventes par an que vous n'auriez pas obtenues si vous n'aviez pas investi dans la formation à la vente. Même si vous ne concluez que six nouveaux contrats par an, il est extrêmement clair que cet investissement générera un retour immédiat.

À long terme, les organisations qui réussissent bien en marketing maintenant auront plus de succès.

Selon la plupart des spécialistes du marketing, 17 à 29 contacts sont nécessaires avant qu'un consommateur soit prêt à acheter. Le moment optimal pour lancer un plan de marquage était il y a six mois ; le deuxième meilleur moment est maintenant.

L'utilisation de contacts ciblés, à faible coût et en grand nombre, est la méthode la plus efficace pour constituer une nouvelle base de clients. Comme de plus en plus d'individus font des recherches en ligne, votre site Web deviendra l'outil le plus efficace pour acquérir de nouveaux clients.

Concentrez votre formation sur la création de répondeurs automatiques, l'évaluation des analyses Web et les tactiques de marketing automatisé qui permettent aux prospects de s'engager plus facilement avec vos produits et services.

CHAPITRE 9 : STRATÉGIES DE STABILISATION DES ENTREPRISES EN PÉRIODE DE RÉCESSION.

Mon amie Roseline m'a appelé hier pour me demander mon avis sur ce que son comptable venait de lui dire. Roseline avait reçu l'ordre d'élaborer un "plan de survie" pour son entreprise. Elle a refusé de le faire et a demandé ma prudence et mon avis.

Roseline était mécontente. Outre la réduction des dépenses, son comptable lui a conseillé d'envisager de licencier un ou deux employés, de supprimer les congés de maladie et les congés personnels, et de réduire les salaires de chacun.

Elle est consciente que de nombreux propriétaires de petites entreprises reçoivent actuellement ce conseil. Cependant, elle se demande si cette suggestion est la meilleure. Y a-t-il d'autres conseils à envisager ?

Les récessions sont généralement difficiles. Actuellement, l'adversité prévaut. Cependant, le fait d'être en récession ne vous donne pas la permission de prendre des mesures dramatiques ou de faire des jugements commerciaux stupides. Non. Le moment est venu d'évaluer soigneusement les mesures nécessaires pour stabiliser votre entreprise sans entraver sa croissance.

Avant de prendre toute décision relative au "plan de survie", vous devez à votre entreprise d'évaluer les dix stratégies suivantes.

Dix stratégies pour stabiliser votre entreprise pendant une récession.

1. Ne réduisez pas vos prix.

Lorsque l'économie ralentit, réduire vos prix est la pire chose à faire en tant que petite entreprise en démarrage. De nombreux propriétaires de petites entreprises s'inquiètent et baissent leurs prix. Une fois que vous avez réduit vos tarifs, il devient plus difficile de les augmenter à l'avenir. Les économies fluctuent. Gardez vos prix inchangés.

2. Évitez d'accorder des rabais importants.

Si vous offrez normalement une remise de 10 % aux clients réguliers et que vous proposez soudainement une remise de 20 %, vos consommateurs supposeront qu'ils peuvent maintenant négocier les tarifs parce qu'ils savent que vous pouvez et allez baisser. Vous ne pouvez pas revenir en arrière. Vous ne souhaitez pas que cela se produise. Maintenez votre trajectoire. Maintenez la remise existante.

3. Penser petit et vendre grand.

Au lieu de réduire les prix, les entrepreneurs de petites entreprises inventives reconditionnent leurs produits et services pour proposer aux clients des prix plus bas. C'est une décision judicieuse. Au lieu de réduire le coût de vos produits et services, rendez-les plus accessibles en les plaçant dans des contenants plus petits et plus attrayants.

4. Proposer d'autres modes de paiement.

Envisagez d'offrir d'autres choix de paiement. Certains propriétaires de petites entreprises tireront profit de la promotion de leurs produits ou services avec un plan de paiement étendu, mais cette stratégie ne convient pas à tout le monde. Encore une fois, évitez de réduire votre prix.

5. Améliorer votre réputation.

Il n'y a pas de meilleur moment que maintenant pour cultiver votre réputation. C'est le moment de devenir une autorité reconnue dans votre profession en publiant un livre, en animant une émission de radio hebdomadaire ou en prenant la parole lors de manifestations professionnelles, si ce n'est déjà fait.

Devenir un expert augmentera vos revenus, vous permettra de facturer davantage vos services et encouragera davantage de personnes à acheter chez vous.

6. Prenez en charge vos pensées.

La première étape consiste à reconnaître ce sur quoi vous avez et n'avez pas de contrôle. Bien que vous ne puissiez pas influencer l'économie américaine, vous avez le contrôle sur le niveau de risque et d'exposition de votre organisation à l'économie. En particulier dans les moments difficiles, vous devez exercer un contrôle mental.

Choisissez la stratégie commerciale que vous adopterez en fonction de ce que vous pouvez influencer.

7. Adopter un état d'esprit raisonnable.

C'est une période d'incertitude et d'inquiétude pour de nombreuses personnes. Cela ne signifie pas pour autant que vous devez commencer à prendre des décisions émotionnelles et irrationnelles. Si vous avez une petite entreprise depuis un certain temps, vous savez qu'une approche émotionnelle et irrationnelle ne vous a pas permis d'arriver là où vous êtes aujourd'hui et ne vous permettra pas d'arriver à destination demain.

8. Adopter une perspective raisonnable.

Avant de faire chaque choix commercial important, demandez-vous : "Est-ce que je fais une conclusion rationnelle ou émotionnelle ?" Ignorez ce que font les autres. Tenez compte de la viabilité à long terme de votre entreprise lorsque vous déterminez les coûts à éliminer.

9. Soyez attentif aux opportunités.

La clé pour survivre à cette récession et aux difficultés économiques précédentes est de développer un œil pour les opportunités. Au lieu de battre en retraite, commencez à chercher des opportunités. Il en existe encore beaucoup. Au final, les millionnaires de 2012 seront ceux qui auront su reconnaître les possibilités aujourd'hui et les saisir.

10. Adopter un autre style de pensée.

Les médias voudraient vous faire croire que la récession économique menace tout et tout le monde. Ce n'est pas le cas. Pour évoluer au-delà de la situation actuelle, vous devez voir plus loin.

Considérez les 94 % de la population qui ont un emploi plutôt que les 6 % qui sont au chômage. Ce n'est pas parce qu'il y a une récession aux États-Unis que vous devez aussi subir une récession mentale. Changez votre façon de penser. Modifiez votre production.

Concentrez-vous sur ce que vous souhaitez développer.

Vous avez les mêmes vingt-quatre heures que tout le monde. Que pouvez-vous faire pour développer votre entreprise pendant ces heures ? Ce sur quoi vous vous concentrez se développe. Sur quoi pouvez-vous

vous concentrer qui va se multiplier, s'étendre ou se développer ? Que pouvez-vous faire maintenant pour développer votre entreprise à l'avenir ?

Licencier ou ne pas licencier ? Ce n'est pas la question. Ce n'est pas la solution pour réduire les heures de travail du personnel, éliminer les congés de maladie ou réduire le budget simplement parce que d'autres propriétaires de petites entreprises le font.

Nous vivons une récession. Nous allons sortir de la récession. Avant de faire des "plans de survie", considérez ces dix stratégies pour stabiliser votre entreprise, qui n'entraveront pas votre succès futur mais l'amélioreront.

CHAPITRE 10 : COMMENT LES GRANDES ENTREPRISES PEUVENT PROSPÉRER MÊME EN PÉRIODE DIFFICILE.

"Récession" est l'un des mots anglais les plus mal interprétés et les plus nuisibles ! Son utilisation facile suscite des réactions émotionnelles puissantes chez les clients et les entreprises, allant de la peur et du pessimisme à un sentiment d'échec absolu.

Oui, le ralentissement économique actuel pourrait s'aggraver avant de s'améliorer. Cependant, les récessions ne sont pas intrinsèquement négatives ou indésirables. Les récessions sont des périodes de "contraction", qui nous incitent à être plus prudents avec nos finances et nos dépenses, à éliminer le gaspillage et à préserver les ressources là où elles sont le plus nécessaires. C'est le yin et le yang des cycles économiques.

Attention : Vos croyances sur la récession peuvent être fatales à votre entreprise.

Notre économie et nos entreprises connaissent des phases comparables d'essor et de récession. De nombreuses personnes, dont vous, sont attristées ou paralysées par le mot "récession" en raison de leurs opinions sur la récession et de la signification qu'elles attribuent à cette phrase.

La récession n'est qu'une question de perspective.

Denise Corrupt.

Selon la façon dont vous percevez la récession et y réagissez, votre entreprise se développera de façon rentable ou luttera pour sa survie. Voici les sept principales raisons pour lesquelles les grandes entreprises prospèrent en période de récession, ainsi que des suggestions sur la façon dont vous pourriez faire de même.

Même en période de récession, les sept principales raisons pour lesquelles les grandes entreprises se hissent au sommet sont les suivantes.

1. Les entreprises les plus performantes transforment les dangers extérieurs en opportunités.

Les Japonais sont experts en gestion de crise et considèrent des événements tels que les récessions comme des oppositions. C'est-à-dire ni excellents ni terribles, mais une combinaison des deux. Le caractère japonais pour "crise" représente deux symboles distincts : le danger et l'opportunité. Cette attitude favorise la réceptivité plutôt que la réactivité.

Par conséquent, les Japonais ne se concentrent pas sur le problème mais sur des solutions innovantes. Pas sur la survie mais sur la croissance. Non pas sur les pertes à court terme, mais sur les opportunités à long terme.

Comment considérez-vous le marasme économique actuel - comme une menace ou une opportunité ? Comment avez-vous réagi aux précédentes récessions économiques ?

Comment la récession peut-elle être une opportunité pour votre entreprise?

2. Les entreprises remarquables tirent parti et profit des dynamiques changeantes du marché.

Une entreprise peut se développer et générer des bénéfices pendant une récession si elle comprend la dynamique sous-jacente du marché. Les crises ont tendance à induire des changements chez les individus. Le défi consiste à répondre rapidement et directement à ces changements. Pour tirer parti de ces tendances, il est essentiel d'aborder les cinq "W" suivants."

OMS.

Qui achète actuellement ? Les habitudes d'achat évoluent, changent et se recentrent plus fréquemment qu'elles ne diminuent. Bien que les dépenses totales puissent diminuer, ces tendances ne peuvent être généralisées à l'ensemble des industries et des secteurs d'activité. Quels nouveaux marchés émergents pouvez-vous aborder?

QUOI.

Quelles exigences et quels avantages sont actuellement les plus importants pour vos clients ? Existe-t-il de nouveaux produits ou services qui pourraient répondre à ces transitions ou constituer des alternatives viables au statu quo existant?

QUAND.

Quels besoins le client doit-il satisfaire immédiatement plutôt que plus tard ? Quelles incitations uniques encourageront les consommateurs à acheter aujourd'hui?

OÙ.

En période de récession, les clients reconsidèrent souvent leurs préférences d'achat. Chez quels fournisseurs s'approvisionnent-ils actuellement

? Comment rendre vos articles plus accessibles à votre marché cible?

POURQUOI.

Le "pourquoi" concerne les motivations d'achat sous-jacentes des clients. Quels facteurs influencent actuellement les décisions d'achat des consommateurs ? Quelles sont les attentes futures des clients ? Comment ces attentes vont-elles influencer leur comportement d'achat actuel?

3. Les grandes entreprises transforment les "mauvaises" circonstances en bonnes évolutions.

En période de ralentissement économique, les entreprises qui réussissent cherchent "le bon côté du nuage" et mobilisent leurs ressources pour saisir ces opportunités. Elles ne réagissent pas, mais agissent.

Les gagnants savent que leur avenir n'est pas dicté par des événements extérieurs, mais par la façon dont ils y réagissent. Ils se concentrent sur ce qu'ils peuvent contrôler et réagissent de manière proactive à ce qu'ils ne peuvent pas contrôler.

Quelles mesures proactives pouvez-vous prendre au lieu de réagir à la récession économique ? Comment pourriez-vous employer vos ressources plus efficacement pour saisir des opportunités de croissance et de profit inexploitées?

4. Les grandes entreprises génèrent des moyens pour une nouvelle croissance en "désencombrant" les actifs marginaux ou inutiles.

Pendant les périodes d'expansion et de progrès, il est facile de devenir dépensier, de " faire trop " et d'avoir trop confiance en soi. Souvent, des comportements, des attitudes et des habitudes négligents sont dissimulés. Les entreprises ignorent souvent les principes fondamentaux et le "gaspillage".

Les grandes entreprises profitent des périodes creuses pour se débarrasser des "excès", c'est-à-dire des pertes de temps, d'argent ou de ressources humaines qui génèrent peu ou pas de rendement.

Elles créent de l'espace pour une expansion et des revenus supplémentaires. Pour être au mieux de leur forme, elles se concentrent sur leurs points forts.

Quelles dépenses, quels projets ou quelles activités drainent les ressources de votre entreprise ? Quels articles, services ou consommateurs entravent le flux des bénéfices et doivent être éliminés ? Quelle "graisse" opérationnelle devez-vous éliminer pour devenir une entreprise légère et rentable, en particulier dans le contexte actuel de ralentissement économique?

5. Les grandes entreprises aiguisent leurs muscles de résilience pour prospérer en période difficile.

L'accélération du changement, la complexité croissante et l'escalade des dangers sont devenues la nouvelle réalité des entreprises au XXIe siècle. Une entreprise doit développer sa résilience pour supporter les chocs externes qui peuvent l'endommager.

Au départ, la résilience est une mentalité. La pensée de la résilience transforme le doute en assurance, la peur en action et l'épreuve en avantage. Au niveau organisationnel, la résilience résulte d'une culture solide axée sur la flexibilité opérationnelle, la loyauté du personnel et le travail d'équipe.

Les grandes entreprises ne se contentent pas de se remettre d'une seule crise ou d'un seul revers. Elles développent leur résilience. Elles développent la capacité d'anticiper l'imprévu et de réinventer continuellement les modèles et tactiques d'entreprise à mesure que les conditions évoluent.

Sur une échelle de 1 à 10, quelle est la capacité de votre organisation à rebondir après une crise ou un revers ?

Quels efforts pouvez-vous faire aujourd'hui pour améliorer votre capacité à anticiper et à répondre à l'inattendu demain?

6. Pendant les périodes de ralentissement économique, les grandes entreprises se positionnent agressivement devant la concurrence.

La plupart des entreprises se mettent sur la défensive pour survivre aux ralentissements économiques, en réduisant leurs dépenses et leurs efforts de marketing, et en banalisant leurs produits et services.

À l'inverse, les grandes entreprises font le contraire. Elles se positionnent pour réussir en période de récession en multipliant les promotions, en accélérant la sortie de nouveaux produits et en maintenant leur visibilité. En saisissant les opportunités émergentes, les entreprises se différencient pendant la récession et se positionnent pour une expansion exponentielle une fois que l'économie se redresse.

Actuellement, votre entreprise adopte-t-elle une position offensive ou défensive ? Quelles sont les trois méthodes agressives que votre entreprise peut mettre en œuvre pour maintenir sa présence sur le marché ? Comment les réponses défensives de vos concurrents peuvent-elles vous offrir de nouvelles opportunités de croissance et de profit?

7. Les entreprises remarquables découvrent l'"apprentissage" et le "grand objectif" cachés dans les situations difficiles.

Nos plus grands obstacles sont nos plus précieux instructeurs. Leur "objectif plus grand" est d'influencer nos pensées, nos comportements, nos tactiques et nos activités afin de faciliter notre développement futur.

Les entreprises qui subissent les effets négatifs d'une récession ne peuvent jamais comprendre le but plus grand qu'une telle période pourrait leur apporter. Au lieu de cela, elles ne voient que le négatif, réagissent par la peur et adoptent une mentalité de victime.

En revanche, les grandes entreprises considèrent les récessions comme des occasions d'apprentissage. Elles reconnaissent que les pensées et les techniques du passé sont insuffisantes pour faire face aux problèmes d'aujourd'hui.

Les récessions encouragent ces organisations à se rapprocher de leurs clients, à réévaluer leur parcours et à prendre des mesures innovantes. Leur ascension au sommet est souvent le résultat de leurs idées, de leurs attitudes et de leurs réponses à ces circonstances difficiles.

Comment vos pensées et stratégies d'hier vous empêchent-elles d'avancer aujourd'hui ? Quelles nouvelles perspectives et quels nouveaux comportements devez-vous adopter pour prospérer dans le contexte actuel de ralentissement économique ? Comment votre organisation pourrait-elle s'améliorer à la suite de la récession ?

Une récession peut être une bénédiction déguisée si on la considère dans le bon contexte. Au moins 85 % de la survie ou du succès de votre entreprise pendant une récession est sous votre contrôle. Vous contrôlez la manière dont vous la percevez, dont vous y réagissez, dont vous en tirez des enseignements et dont vous la développez. Les entreprises qui réussissent se hisseront au sommet. Rejoindrez-vous leurs rangs?

CHAPITRE 11 : DÉVELOPPER VOTRE ENTREPRISE QUELLES QUE SOIENT LES CONDITIONS DU MARCHÉ.

Les gens autour de nous sont en train de devenir de petits écureuils. Ils ramassent leurs noix et leurs graines en prévision du "printemps". Parce qu'ils ne veulent pas se retrouver sans rien lorsque l'économie reprendra, ils renoncent aux occasions de préserver les ressources qui leur restent. C'est la mauvaise action à prendre en ce moment. Les gens doivent renforcer leur situation financière, mais pas cacher leur argent dans leur lit ni faire l'autruche.

Se preparer à la récession.

La première étape consiste à créer un plan clair et concis décrivant vos buts et objectifs pour les trois prochaines années. Incluez dans votre plan un aperçu complet de votre situation financière actuelle.

Vous avez du travail à faire si vous n'avez pas fait le suivi de vos revenus et dépenses mensuels. Vous ne pouvez pas faire de changements avant de connaître votre situation actuelle. Après avoir établi une base de référence, vous pouvez décider où vous voulez être dans trois ans.

Considérez le montant d'argent que vous aimeriez gagner et les éléments que vous aimeriez avoir dans votre vie, comme une nouvelle voiture, une maison, des jouets, des dons de charité, de l'argent pour l'école de votre enfant, etc. Une fois que vous avez considéré ces facteurs, calculez les coûts associés à chacun d'eux.

Une fois que vous avez pris en compte ces facteurs, calculez les coûts associés à chacun d'entre eux. Une fois votre situation financière actuelle et votre liste de "rêves" terminée, vous pouvez déterminer combien vous devez gagner au cours des trois prochaines années pour atteindre vos objectifs. Plus vous souhaitez gagner de l'argent, plus vous serez obligé de fournir des services ou des "efforts".

Mise en œuvre du plan.

Vous voudrez intégrer la réduction des dettes et l'accumulation de richesse dans votre plan. Affectez votre argent existant à ces objectifs d'une manière qui vous convient. Prévoyez une somme mensuelle répétitive lorsque vous ouvrez un compte d'affaires ou d'investissement.

Si vous vous concentrez simplement sur l'élimination des dettes, vous agirez sur les perspectives d'affaires jusqu'à ce que toutes vos dettes aient été remboursées. Ce cycle est inefficace. Vous ne pourrez jamais travailler sur vos objectifs et vos aspirations sans fonds.

Nous connaissons tous le cycle de l'endettement. Au moment où vous êtes sur le point de finir de rembourser vos dettes, la voiture tombe en panne ou quelqu'un a besoin d'un appareil dentaire. Vous pouvez investir et développer votre entreprise en épargnant chaque mois de l'argent sur un compte d'investissement.

Avancer alors que d'autres reculent.

Au fur et à mesure que votre compte de patrimoine s'étoffe, vous devez rechercher des offres et des opportunités pour développer votre activité ou en lancer une nouvelle. Actuellement, un exemple serait les conseillers pour les demandeurs d'emploi. Comme le marché de l'emploi se contracte, de plus en plus de personnes ont besoin d'aide pour se distinguer des autres candidats.

Il existe de nombreuses méthodes par lesquelles un entrepreneur pourrait aider les gens à trouver et à obtenir un emploi. Vous devez également être à l'affût de nouvelles approches pour améliorer les articles que vous utilisez souvent. Les articles nouveaux et améliorés trouveront toujours un marché. Commencez également à prêter une attention particulière au comportement sur le marché des millionnaires et, plus essentiellement, des milliardaires.

En période de troubles économiques, de nombreuses personnes amassent d'immenses richesses. Si vous y prêtez une grande attention, ils vous fourniront une foule d'informations sur les entreprises fiables et les domaines dans lesquels il serait prudent d'investir. Tout dépend de votre façon de penser et de votre préparation à affronter les obstacles.

Améliorer vos capacités et votre état d'esprit.

Améliorer vos connaissances et, plus important encore, votre confiance en vous est l'une des choses essentielles que vous pouvez faire pour augmenter votre potentiel de gain. Lire un livre ou voir un film de motivation chaque semaine peut vous donner la confiance nécessaire pour poursuivre vos objectifs.

Pendant que vous restez assis à vous plaindre de l'économie, rien ne se passe. Les personnes qui n'ont pas peur d'investir en elles-mêmes et d'agir, alors que d'autres se cachent du monde, seront récompensées dans cette nouvelle ère.

Enfin, considérez le type de vie que vous aspirez à mener et la façon dont vous vivez déjà. Pensez-vous que vos habitudes, vos activités et vos idées actuelles sont en accord avec la vie que vous souhaitez créer ? Que pouvez-vous faire pour mettre ces trois éléments en harmonie ?

Une fois que vous aurez changé vos habitudes, vos actions et vos croyances, votre vie entière se transformera, et vous serez en mesure de créer la richesse que vous méritez.

Enfin, considérez le type de vie que vous aspirez à mener et la façon dont vous vivez déjà.

Croyez-vous que vos habitudes, activités et idées actuelles sont en accord avec la vie que vous souhaitez créer ?

Quelles mesures pouvez-vous prendre pour aligner ces trois éléments ?

Une fois que vous aurez changé vos habitudes, vos actions et vos croyances, votre vie entière se transformera et vous serez en mesure de créer la richesse que vous méritez. Fixez-vous un objectif quotidien pour apprendre quelque chose de nouveau dans ces livres. Cela changera votre vision du monde.

CHAPITRE 12 : SE CONCENTRER SUR L'INNOVATION ET NON SUR LA RÉCESSION.

Le monde vient d'évoluer. L'ancien monde des services financiers n'existe plus et, par conséquent, bon nombre des perspectives d'emploi que vous recherchiez ont peut-être disparu.

La promotion que vous recherchiez n'est peut-être plus disponible. La prime pour laquelle vous avez trimé pendant neuf mois peut ne pas se matérialiser. La banque pour laquelle vous souhaitiez travailler n'existe peut-être plus. La stratégie de départ à long terme que vous aviez en tête peut soudainement sembler irréaliste.

Cela ne signifie-t-il que pessimisme et malheur ? Pour certaines personnes, peut-être. Mais pour ceux qui sont tournés vers l'avenir, c'est une occasion fantastique de se réinventer au lieu de s'inquiéter de toutes les nouvelles de récession et de déclin.

Alors que les institutions financières sont soumises au processus ardu de se réinventer pour répondre aux exigences d'un monde où la réglementation est plus stricte, les bénéfices plus faibles et la croissance plus lente, vous devriez vous concentrer sur la réinvention de vous-même et de votre carrière, que vous ayez été ou non touché par les restructurations et les licenciements.

À trois reprises au cours de ma carrière, je me suis refait une beauté. À chaque fois, un marché difficile a été le catalyseur. À chaque fois, l'événement difficile s'est avéré être la meilleure chose dans ma vie professionnelle.

Même si vous n'en avez pas l'impression pour le moment, le marché actuel pourrait bien être la meilleure chose qui vous soit arrivée.

Voici cinq stratégies que j'ai découvertes pour redéfinir votre profession dans une économie difficile :

1. Restez à jour (dans la limite du raisonnable)

Vous devez être au courant de ce qui se passe sur le marché pour vous adapter aux demandes en constante évolution. Mais vous n'avez pas besoin de lire tous les pronostics catastrophiques écrits.

La consommation excessive d'articles d'actualité apocalyptiques et de prophéties effrayantes vous paralysera de peur, vous amenant à ne rien faire. "Ne rien faire" est une mauvaise stratégie dans un monde où tout change rapidement.

2. Gardez votre attention sur vos avantages.

Toute banque rationalise ses opérations pour se concentrer sur son activité principale, où elle est idéalement positionnée pour donner le plus de valeur au marché. C'est précisément ce que vous devriez faire en ce moment : vous concentrer sur la réinvention de vos principaux atouts et de vos capacités distinctives, puis les mettre à la disposition des organisations (les vôtres et les autres) qui peuvent en bénéficier.

3. Privilégier le plaisir.

Vous avez bien lu : "amusant".

Tenter de se réinventer dans un rôle que vous croyez devoir jouer ou que d'autres croient "être bon pour vous" n'est pas une bonne idée. Tout processus de transformation implique des efforts ardus, la rencontre d'obstacles et des échecs. Si vous poursuivez quelque chose qui vous passionne peu, vous avez peu de chances de surmonter les revers ou de vaincre les obstacles.

Concentrez-vous plutôt sur l'identification de rôles qui intègrent des activités que vous aimez. Des emplois qui font appel aux capacités que vous aimez utiliser et qui vous permettent de travailler avec les personnes avec lesquelles vous aimez interagir.

4. Expérimenter beaucoup plus.

Certaines personnes savent qu'elles souhaitent se transformer et transformer leur travail, mais ne savent pas comment.

Voici pourtant un secret : vous n'avez pas besoin de savoir. La seule façon de déterminer la réponse est de mener des expériences. Observez quelqu'un, offrez vos services en tant que bénévole et essayez diverses professions. Ensuite, commencez à observer ce qui vous attire ; ce qui vous attire est généralement un bon indicateur du type d'activité vers laquelle vous devriez vous diriger.

5. Restez concentré sur le rêve.

La plupart des gens ont au moins un rêve. Une vision ou un plan d'ensemble du style de vie qu'ils souhaitent avoir dans le futur. C'est quelque chose qui les ravit et les terrifie à la fois. C'est le moment de prêter attention à ce rêve. Un marché difficile est une occasion de réaliser votre rêve ; l'innovation est le véhicule qui vous y conduira bien plus vite que vous ne l'auriez jamais imaginé.

Alors dites-moi, quel rêve avez-vous toujours gardé pour vous ? Comment pouvez-vous utiliser le processus de réinvention que vous êtes sur le point d'entreprendre pour rester sur la voie de votre vision irrésistible ? Pouvez-vous passer à l'action dès maintenant?

Votre recherche.

Prévoyez 60 minutes dans votre agenda au cours des quelques jours suivants pour évaluer cette liste et commencer votre réinvention. Avant que vous ne répondiez "Je n'ai pas le temps", je tiens à vous rappeler qu'il ne s'agit pas de "temps", mais de priorités. C'est le moment idéal pour vous mettre en avant et investir dans votre développement personnel afin de vous préparer à un nouveau marché.

Le mot "réinvention" semble réservé aux politiciens, aux artistes et aux personnalités du monde du spectacle. Pourtant, ce n'est pas le cas. Nous nous réinventons tous au cours de notre vie et de notre travail. Le processus de réinvention fait partie intégrante de votre croissance et de votre développement. En ce qui concerne votre carrière, vous ne faites que passer d'un CHAPITRE à l'autre.

Dans le monde globalisé et interconnecté dans lequel nous vivons aujourd'hui, la restructuration fait partie de la carrière de chacun. Par conséquent, nous aurons tous beaucoup plus de CHAPITREs de carrière que les générations précédentes. Par conséquent, vous aurez peut-être beaucoup plus d'histoires à raconter à vos petits-enfants lorsque vous serez à la retraite.

Ainsi, même si le monde financier a évolué au cours des deux dernières semaines, considérez l'état actuel du secteur et de l'économie comme une opportunité de lancer la prochaine phase de votre carrière. Une chance d'écrire votre propre histoire plutôt que de laisser votre employeur ou les rédacteurs des gros titres le faire pour vous.

CHAPITRE 13 : STRATÉGIES POUR AUGMENTER LES VENTES EN PÉRIODE DE RÉCESSION.

Les particuliers et les entreprises n'ont pas totalement cessé de dépenser. Ils font simplement preuve de plus de discernement et d'aversion au risque dans leurs décisions d'achat.

Si vous utilisez ces quatre techniques astucieuses pour combattre la récession, vous en sortirez indemne.

Quatre stratégies de marketing qui défient la récession.

1. Proposez une offre de lancement sans risque. Par exemple, le panier d'achat en ligne que j'utilise

propose un essai gratuit de 30 jours. Vous pouvez vous inscrire, configurer le panier et l'utiliser pour des transactions réelles sans payer jusqu'au 30e jour. (À ce moment-là, vous êtes dépendant!)

L'acheteur peut retourner tous les articles avant le 30e jour et ne sera pas facturé. Pour les services non mensuels, vous pouvez recueillir à l'avance les informations relatives à la carte de crédit du client ou un chèque, en garantissant de ne pas débiter la carte ou de ne pas renvoyer la facture si le client n'est pas satisfait.

2. Créer et commercialiser des produits d'information. Les produits d'information offrent aux clients potentiels un moyen peu risqué et peu engageant d'apprendre à connaître un fournisseur et, éventuellement, de lui faire confiance. Vous pouvez les vendre aux bricoleurs qui n'ont peut-être pas les moyens de s'offrir un service complet et aux clients habituels qui souhaitent s'informer sur un nouveau sujet.

En plus de fournir une autre source de revenus pendant la crise, les produits d'information continueront à le faire lorsque l'économie se redressera (comme ce sera certainement le cas) sans autre effort. Commencez modestement, par exemple avec de brefs rapports téléchargeables ou des enregistrements audio d'entretiens avec des experts, afin d'avoir des produits prêts à être vendus en quelques semaines.

3. Déterminez leur pouls. De quoi vos clients ont-ils le plus besoin immédiatement?

Prêtez attention à la terre. Observez les plaintes, les questions et les désirs de votre public cible dans les groupes de discussion par courriel et les forums en ligne. Ajoutez un nouveau produit ou service ou modifiez un produit ou service existant en fonction de ce que vous avez appris sur leurs problèmes.

Supposons que vous remarquiez sur les forums financiers plus de questions que d'habitude de la part de couples proches de la retraite ou de parents ayant plusieurs enfants à l'université. Vous pouvez facilement mettre en place des séminaires, des rapports et des permanences téléphoniques destinés à ces populations spécifiques.

4. Privilégiez les relations publiques. Investissez un peu d'efforts pour comprendre ce qui constitue un sujet d'actualité aux yeux des médias et utilisez des lettres de présentation et des communiqués de presse pour promouvoir votre entreprise ou vous-même. Pour obtenir une couverture médiatique, il suffit d'appeler le bureau des nouvelles de votre journal ou de votre chaîne de télévision métropolitaine et d'expliquer pourquoi vous êtes l'aspect local de la grande question du jour.

En période de récession, vous avez plus de chances d'obtenir un quart d'heure de gloire car vos concurrents ont peut-être réduit les honoraires de leur agence de relations publiques. Recherchez sur Google "press release makeover service" pour trouver un compromis rentable entre la création de vos communiqués et le fait de demander à quelqu'un d'autre de le faire pour vous.

Au lieu d'écouter les personnes qui se plaignent que le ciel nous tombe sur la tête, vous pourriez utiliser ces méthodes adaptées à la récession. Vous vous souviendrez de cette époque de malheur avec le sourire et une énorme fortune.

CONCLUSION.

Partout, on entend dire que l'économie entre en récession, qu'elle est actuellement au bord de la dépression ou qu'elle est en récession. Il y a de quoi devenir fou. S'il est vrai que des difficultés financières existent dans le monde d'aujourd'hui, il est également vrai que les discussions constantes sur les catastrophes financières contribuent au développement de ces conditions.

Lorsque les gens n'entendent que les horreurs de l'économie, les licenciements imminents et les problèmes d'argent pendant des mois, voire des années, ils deviennent réticents à dépenser. Lorsque les individus ne dépensent pas d'argent, l'économie décline. Il s'agit d'une prophétie qui se réalise d'elle-même.

Comment pouvez-vous gérer correctement ces circonstances économiques difficiles auxquelles nous sommes tous confrontés ? Voici quelques suggestions utiles.

Restez à l'écart de la peur et de l'apocalypse véhiculées par les medias.

Je regarde généralement les nouvelles à la télévision ou je les écoute en conduisant. Le flot fréquent d'informations négatives m'empêchait de rester optimiste quant à ma situation financière. J'appréhendais de plus en plus l'avenir. J'ai choisi de me déconnecter des médias. Je refuse de lire ou d'entendre que les choses sont terribles. En conséquence, je suis beaucoup plus positif quant à mon avenir.

Si vous êtes inquiet de la situation actuelle du monde, vous pouvez souhaiter éviter les publications qui affirment constamment que la fin du monde est imminente. Ne vous inquiétez pas : vous serez informé si quelque chose de vraiment important se produit.

Reconnaissez que votre réussite n'est pas le fruit du hasard.

Le succès que vous connaissez actuellement est le résultat de ce que vous êtes. Ce n'est pas le fruit du hasard. Ce n'est pas seulement une question de chance, car vous avez travaillé dur pour créer de la valeur pour les autres et vous récoltez maintenant les fruits de vos efforts.

Le fait que les conditions économiques changent ne signifie pas que votre succès va s'envoler. Vous avez une conscience du succès, qui vous aidera à réussir dans un climat économique en constante évolution.

Selon un vieux proverbe, si vous preniez tout l'argent et le divisiez en parts égales, les milliardaires redeviendraient rapidement millionnaires parce qu'ils ont une conscience de la réussite et de la prospérité. Votre réussite est le résultat de votre conscience ; personne ne peut vous la retirer, à moins que vous ne le lui permettiez.

Imaginez votre succès continu.

Maintenez une image mentale de vous-même en tant que personne ayant réussi. Observez les autres vous présenter d'excellentes opportunités qui se traduisent par d'abondantes récompenses. Cela vous semble-t-il incroyable ? Ce n'est pas le cas. Il s'agit d'une technique de réussite très efficace. Ralph Waldo Emerson a déclaré : "Nous devenons ce à quoi nous pensons tout au long de la journée."

Nous agissons tous en fonction de la façon dont nous nous percevons dans notre esprit. En maintenant une image mentale de votre réussite, vous signalerez inconsciemment aux autres que vous avez réussi. Votre prospérité continue s'ensuivra inévitablement.

Ce n'est pas simple, mais cela en vaut la peine.

Si vous croyez que c'est simple, vous vous trompez. Avec tous les bruits qui courent sur le déclin du marché immobilier, je suis peut-être fou. Pourtant, c'est concevable. Cependant, ma propre expérience et celle d'autres personnes ayant réussi m'ont montré que lorsque nous gérons notre esprit, nous contrôlons notre destin.

Selon William James, "la plus grande révolution de notre époque est la prise de conscience que les gens peuvent changer les caractéristiques extérieures de leur vie en modifiant les attitudes intérieures de leur esprit." C'était vrai quand William James l'a dit et ça l'est toujours aujourd'hui. Mettez votre état d'esprit à l'épreuve de la récession pour continuer à profiter de tout ce que la vie peut vous offrir.

Compétences de gestion pour les gestionnaires.

- Gestion du temps pour les managers
- Coaching des employés pour les managers
- Team Building pour les managers
- Confiance en soi pour les managers
- Négociation pour les managers
- Service à la clientèle pour managers
- Assertivité pour les managers
- Étiquette commerciale pour les managers
- Aptitude à l'écoute pour les managers
- Compétences en leadership pour les managers
- Compétences en communication pour les managers
- Techniques de présentation pour les managers
- Gestion du stress pour les managers
- Prise de décision pour les managers
- Gestion des conflits pour les managers.

Série : La liberté financière à tout âge.

- Atteindre la liberté financière à 20 ans
- Atteindre la liberté financière dans la trentaine
- Atteindre la liberté financière dans la quarantaine
- Atteindre la liberté financière dans la cinquantaine
- Atteindre la liberté financière à 60 ans
- Atteindre la liberté financière à 70 ans et plus.
- Atteindre la liberté financière chez les enfants
- Atteindre la liberté financière chez les adolescents
- Atteindre la liberté financière chez les étudiants universitaires.

- Les escroqueries financières dont il faut se méfier à la retraite.

Série : Des finances personnelles pour vous.
- Acheter et vendre des crypto-monnaies pour les débutants
- Pourquoi investir dans des actions à dividendes est judicieux.

Série : Patrimoine 2022.

- L'entrepreneuriat en ligne.
- Créer sa propre entreprise
- Gestion de patrimoine
- Revenu passif.
- 12 étapes pour créer votre propre entreprise.

Série : Un excellent service à la clientèle.
- Excellent service à la clientèle dans le commerce de détail
- Excellent service à la clientèle dans la restauration rapide
- Excellent service à la clientèle dans un restaurant à service complet
- Excellent service à la clientèle dans l'enseignement.

- Excellent service à la clientèle dans l'immobilier
- Excellent service à la clientèle dans un centre d'appels
- Excellent service à la clientèle en tant que réceptionniste
- Excellent service à la clientèle dans un hôtel
- Excellent service à la clientèle dans la vente
- Excellent service à la clientèle, peu importe la situation.
- Excellent service à la clientèle dans un cabinet dentaire
- Excellent service à la clientèle dans un cabinet médical.

Série : L'argent rapide.

- Argent rapide en une semaine
- Argent rapide en un week-end
- Argent rapide en un mois
- Argent rapide pour les étudiants.

Série : Comment faire de la promotion.

- How to Promote your Recipe Book
- How to Promote your Children's Book.

Autres livres de D.K. Hawkins.

- ➢ Comment faire prospérer votre entreprise pendant une récession
- ➢ Créer une valeur ajoutée pour les clients
- ➢ Reconnaître les possibilités d'augmenter les flux de trésorerie.
- ➢ Les récessions sont l'occasion de créer des millionnaires et des milliardaires.

Biographie de l'auteur

D.K. Hawkins. D.K. aime lire des livres sur les affaires personnelles ainsi que passer du temps à l'extérieur. D'autres livres viendront s'ajouter à cette collection, alors suivez-nous sur Amazon pour en savoir plus.

Merci d'avoir acheté ce livre.

Je vous en remercie sincèrement et je vous apprécie, vous, mon excellent client.

Que Dieu vous bénisse.

D.K. Hawkins.

www.ingramcontent.com/pod-product-compliance
Lightning Source LLC
Chambersburg PA
CBHW050007230526
45465CB00003BB/1306